Vanessa Mehlitz

Verführerisches Berlin

Der unterhaltsame Führer für
romantische Stunden und erotische Erlebnisse

Jaron

Orginalausgabe
1. Auflage 2000

Umschlaggestaltung: Maria Herrlich, Berlin
Satz: Custer Uwe Lehmann, Berlin
Druck und Bindung: Clausen & Bosse, Leck
Printed in Germany
ISBN 3-89773-104-5

Inhalt

Vorwort

Was für ein Jahr: 1999 entblätterten sich unsere Eissternchen für ein bekanntes Herrenmagazin, und so manch eine(r) aus der zweiten Garde tat es ihnen in verschiedenen Medien nach – nackte Haut allerorten. Und das, obwohl die vielbeschworene sexuelle Freizügigkeit der neunziger Jahre zum Milleniumwechsel schon wieder in die Rubrik „passé" abgeglitten sein soll.

Schaut man sich um, dann wird schnell klar: Es brodelt weiter in der Erosküche – nicht nur im „harten Sektor", sondern auch bei Verführung und Romantik. Und das Thema hat weiterhin Konjunktur, sei es im Fernsehen – man erinnere sich nur, daß es mit Bohlen-Dauerfreundin „Naddel" weiterpeept – oder im gedruckten Blätterwald. Vielleicht hat es ja auch nur am Sommerloch 1999 gelegen, daß ein Boulevardblatt sich daranmachte, à la Kinsey den Berliner Liebesreport der späten neunziger Jahre zu erstellen. Was konnte man da nicht alles aufgrund einer „wissenschaftlich repräsentativen"(!) Studie erfahren. So soll jeder dritte Berliner mit seinem Sexualleben zufrieden sein, allen voran der Zehlendorfer. Die Mitte-Bewohner sind angeblich die Aktivsten, und sie lieben sich am liebsten des Abends. Auch erfuhr man, daß jeder fünfte männliche Einheimische häufig sexuelle Phantasien habe – dabei und in der Häufigkeit (knapp die Hälfte mehrmals täglich oder zwei- bis dreimal die Woche) liegen die Kreuzberger weit vorne. Und über dreiviertel der Männlein wie Weiblein finde Sex in der freien Natur arg aufregend. Passivität wurde den Berlinerinnen im Bett bescheinigt, nur jede vierzehnte ergreife dort die Initiative. Und wenn's mit dem Partner nicht klappt, dann heißt es: „Selbst ist der Mensch". Zwei Drittel der Berliner halten die Onanie für Bestandteil eines erfüllten Liebeslebens. Auch hier liegen die Kreuzberger weit vorne, und die mit höherem Schulabschluß tun's öfter.

Auch so manche kleine Zeitungsmeldung bringt den aufmerksamen Leser zum Schmunzeln. So wurde etwa in nur wenigen Zeilen deutlich, daß der Eros alterslos ist. Berichtet wurde von einem finnischen Sex-Festival für sexuell Fortgeschrittene, sprich die älteren Semester. Das Motto „Liebe machen am See" fand eine begeisterte Fan-Gemeinde – Hundertschaften folgten dem Aufruf zu dieser skandinavischen Love-Parade.

Auch in hiesigen Gefilden heißt es altersunabhängig: „Jedem Tierchen sein Pläsierchen" und „wenn schon, dann richtig". Swinger-Partys sind der letzte Schrei und aus der Ecke des Schmuddel-Sex längst heraus. Ganz „normale" Leute nehmen an Partnertausch-Aktionen teil und veranstalten ihre privaten Orgien im Party-Keller. Per Annonce und über Agenturen werden Paare zum „flotten Vierer" und Partner zum Seitensprung gesucht. Wenn dem langweiligen Alltags-Sex zwischen Babywindeln und Schularbeiten die Luft ausgeht, dann ist es Zeit für den besonderen Thrill. Eine Variante stellt Fetisch dar, das Spiel mit Lack, Leder, High Heels oder was einen gerade anmacht. Oft funktioniert auch das sogenannte „erotische Story-Telling". Rollenspiele können den erotischen Kitzel wiederbeleben und bieten unzählige Variationsmöglichkeiten. Hochkonjunktur hat der Sadomasochismus (S/M). Die Vielzahl von Service-Agenturen und Spezialofferten im Bereich der Kontaktanzeigen zeigt, wie sehr der Extrem-Sex sich bereits etabliert hat.

All das gibt es natürlich erst recht in Berlin. Beim Blick in den Veranstaltungskalender wird man schnell fündig. Ob Po-Explosion, Porno-Night, Dessous-Show oder S/M-Party, im Berliner Nachtleben gibt es alles. Allein die Ankündigung unter einem Erotik versprechenden Namen scheint schon die Veranstaltungen der Clubs zu füllen. Fast schon inflationär ausgebreitet haben sich die Bizarr- und die Piercing-Szene, und auch Go-Go-Dancing ist ganz schön angesagt.

Aber Berlin hat in Sachen Erotik noch weit mehr zu bieten. Erotischer Schmuck, Nackt-Putz-Service, S/M-Möbel, Sex-Toys – irgend jemand in Berlin macht es. Dieses Handbuch zeigt, wie und wo man sie findet. Und es vergißt dabei auch die erotischen Alltäglichkeiten nicht: Plätze für die Romantik zu zweit und das intime Dinner, Shops mit netter Wäsche und die erotische Bäckerei.

Natürlich kommt das alles nicht von ungefähr – das alles gab es ja auch schon viel früher. In den zwanziger und dreißiger Jahren galt Berlin neben New York als „erotic city of the world". Allein 167 Varieté-theater und Revuen gab es im Jahre 1922. Die bekanntesten waren die Scala, der Wintergarten und das Plaza. Heute hat die Hauptstadt gute Chancen, ihren Ruf von damals wiederzuerlangen. Das „Boudoir", das seit Jahresende 1996 leider geschlossen ist, knüpfte in den letzten Jahren an die alte Salon-Tradition an. Spielerisch, aber auch ironisch wurde hier Erotisches veranstaltet (siehe „Das Boudoir – ein Nachruf"). An Traditionen knüpft auch das „Café Couture", eine neue Drag-Queen-Bar, an. Vergleichbares gab es beispielsweise schon im „Eldorado" in der Martin-Luther-Straße. Die Zentren des Amüsierbetriebs lagen damals rund um den Kurfürstendamm und die Friedrichstraße. Die Friedrichstraße galt, vor allem in der Provinz, als Inbegriff einer Welt voller Frauen und Erotik. In den Seitenstraßen lockten Nachtlokale, Spielclubs und zwielichtige Pensionen. Klaus Mann brachte es auf den Punkt: „Das Berliner Nachtleben, Junge, Junge, so was hat die Welt noch nicht gesehen! Früher mal hatten wir eine prima Armee; jetzt haben wir prima Perversitäten! Laster noch und noch! Kolossale Auswahl!" Im Berliner Westen prägte der Tauentzien die „Tauentziengirls", den Inbegriff für erotische Weiblichkeit und Verruchtheit. Zudem lag rund um das Kaufhaus des Westens (KaDeWe) die Gegend der Fetischfreunde. Und auf dem Ku'damm standen schon damals die „Professionellen". Die Unterwelt hatte ihr Quartier rund um den Alexanderplatz. Das dortige Nachtleben spielte sich in düsteren Kaschemmen – die bekannteste war wohl die „Mulack-Ritze" –, in Bierstuben und Stundenhotels ab. Über siebzig Stundenhotels soll es rund um den Alex gegeben haben. Gäste aus dem Westen verirrten sich hier nur selten aus Neugier hin.

Der erotische Tanz jener Zeit war der „Schieber", der zeitweise sogar verboten war. In vielen Kneipen und Tanzkellern preßte man sich eng aneinander und schwofte. Geflirtet und abgeschleppt wurde in unzähligen Ballhäusern, in die die vergnügungssüchtigen Berliner seit dem Ende des 19. Jahrhunderts strömten.

Krieg und Wiederaufbau brachten härtere Zeiten, in denen das erotische Berlin einen ziemlichen Niedergang erlitt. Die Gesellschaft der fünfziger Jahre wurde zunehmend erotikfeindlich. Für sie war alles, was mit Erotik zu tun hatte, „Schmuddelkram". In Ost-Berlin sorgte die DDR für erotische Tristesse, und in West-Berlin brachten erst die Pille und die Studentenbewegung in den Sechzigern neuen Schwung in das Liebesleben der Stadt. Die freie Liebe wurde propagiert, Partnertausch und Gruppensex praktiziert. Die Kommune 1 sorgte mit einem „Gruppen-Nacktfoto" – das nicht unbedingt sehr erotisch war – für Aufsehen. Freie Liebe gehörte sozusagen fast schon zum politischen Aufbruch und Aufruhr dazu. Danach wurde es jedoch erstmal wieder lustfeindlicher in der Stadt. Zur neuen „political correctness" der Achtziger wollte ein allzu freier Umgang mit Sex und Erotik einfach nicht passen. Die superkurzen Röcke verschwanden zunehmend aus den Seminaren an den Unis, und Männer mußten für jeden zweideutigen Spruch in die „Macho"- oder „Chauvi"-Kasse einzahlen. Zu Beginn der neunziger Jahre kam die erneute Wende. Neues Körperbewußtsein, die Medien auf der Suche nach dem definitiven Kick, selbstbewußte „Girlies" und erotisierte Massen machten Sex und Erotik zu dem Thema. Doch die nächste Wende steht schon wieder vor der Tür oder, besser gesagt, vor der Festplatte. Im Zeitalter des Cybersex holen wir uns alle jeden Tag den „megamäßigen online-Orgasmus".

Aber zurück ins Hier und Jetzt. Wer „nette" Erotik sucht, wird sie mit Hilfe dieses Buches finden. Also auf ins Vergnügen!

Erotik zwischen Buchdeckeln

Die sadistischen Phantasien des Marquis de Sade, die Liebesspiele der Fanny Hill, die Abenteuer der Wiener Dirne Josefine Mutzenbacher und die „Fleurs du Mal" von Charles Baudelaire gehören zu den Klassikern der erotischen Literatur. Liebhaber von Originalausgaben müssen viel Zeit und Muße aufbringen, um in den Buchhandlungen auf derlei Kostbarkeiten zu stoßen.

Fündig wird man im **Antiquariat Ars Amandi**. Das Versandantiquariat von Gesine Karge ist spezialisiert auf Frühwerke erotischer Literatur, auf Kunst, Sexualwissenschaft und Kuriosa. Bücher aus dem 18. Jahrhundert sind ebenso darunter zu finden wie Lebenshilfe-Zeitschriften aus dem Berlin der zwanziger Jahre, amerikanische Pin-ups der vierziger und fünfziger Jahre und frivole Graphiken sowie Mappenwerke. Drei bis vier illustrierte Kataloge gibt der Steglitzer Buchversand im Jahr heraus, zusätzlich etwa sechs „Kleine Listen" zu bestimmten Themen wie „Erotische Fotografie und Nacktkultur".

„Ars Amandi" ist keine Adresse für Schnäppchenjäger auf der Suche nach billigen Restposten, wohl aber für Büchersammler, die für die Einzelexemplare gerne ein paar Mark ausgeben. Dafür ist schon die Lektüre der immer unterschiedlich gestalteten Kataloge mit allerlei illustren Zeichnungen ein erotisches Vergnügen.

Auszüge aus der aktuellen Broschüre geben zudem einen amüsanten Einblick in das Berliner Verlagsprogramm von der Jahrhundertwende bis in die „goldenen" Zwanziger. So erschien etwa im Jahre 1913 Erich Wulffens Betrachtung „Shakespeares Hamlet – ein Sexualproblem", 1920 Eugen Ernsts Werk „Der Fremdling" samt nacktem Jüngling auf dem Einband und 1910 Arthur Zapps „Wie die jungen Mädchen lieben. Studien aus dem Liebesleben".

Im Bereich Sexualwissenschaft und Sittengeschichte schrieb Hans Georg Baumgarth im Jahr 1920 „Das Geschlechtsleben im Kriege. Eine Rechtfertigung für viele Unglückliche". Ludwig Burger leistete seinen Beitrag mit dem Werk „Bordellwesen. Absteigequartiere/Massagesalons“ (1931). 1924 brachte Hans Ostwald die „Kultur- und Sittengeschichte Berlins“ zu Papier – auf immerhin 655 Seiten. Zu Onanie, frigiden und geschlechtstollen Frauen, weiblicher Homosexualität und Perversitäten äußerte sich die Autorin Philantropina in ihrer Aufklärungsschrift „Intimstes vom Intimen“ – das Werk erschien anno 1912 bereits in zweiter Auflage.

Die Prostituierten-Beratungsstelle **Hydra** hat drei Bücher herausgegeben, sie sind in der dortigen Bibliothek zu finden. Ein Titel kann auch käuflich erworben werden: „Prostitution – ein Handbuch“ (34 DM). Geöffnet ist die Bibliothek montags, dienstags und freitags von 10 bis 14 Uhr, donnerstags von 16 bis 20 Uhr.

Spezielle S/M-Literatur ist über das S/M-Studio **Dominique's Metroon** zu erfragen.

„Die Nächte der Richterin“, das „Tagebuch eines Vergewaltigers“ und „Torture Garden“ sind nur drei der Titel, die in den Regalen des Erotik-Buchladens **SCHWARZE MEDIEN** stehen. Ebenso finden sich hier Klassiker wie Henry Millers „Sexus“ und „Plexus“ oder das Standardwerk der S/M-Welt, die „Geschichte der O“ von Pauline Reage. Kurzum, das Angebot ist groß, gut sortiert und bietet für jeden etwas, von erotischer Belletristik über Fotobände, Fach- und Aufklärungsliteratur bis hin zu Kriminalromanen oder Comics. Seit ungefähr zehn Jahren besteht der Laden in der Grunewaldstraße, der an die Boutique „Schwarze Mode“ angegliedert ist. Das Sortiment an erotischer Literatur, das der Laden führt, ist mit rund 3000 Titeln das größte, das Berlin zu bieten hat. Das Stöbern lohnt sich auf jeden Fall, und das nicht nur wegen der sachkundigen und netten Beratung. Das Angebot umfaßt erotische Magazine, Videos und CDs ebenso wie Bücher in englischer Sprache.

Das komplette Sortiment von „SCHWARZE MEDIEN“ ist in einem Versandkatalog aufgelistet, der auf Anfrage zugeschickt wird.

SCHWULE LITERATUR

In puncto schwule Literatur hat die Stadt drei Läden zu bieten, die sich darauf spezialisiert haben.

Prinz Eisenherz in der Bleibtreustraße ist der älteste und größte. Er besteht seit 1978. Wer hier etwas zum Thema schwule Erotik sucht, wird schnell fündig und zudem gut beraten. Das ursprünglich ausschließlich auf Männer zugeschnittene Sortiment wurde, u.a. wegen der Schließung des Frauenbuchladens „Lilith", um Frauenliteratur erweitert. Seitdem auch im Angebot sind z.B. Erotika für Lesben. Ansonsten umfaßt das Spektrum alle Spielarten homosexueller Erotik, von Kuschelsex über S/M bis hin zu Trans- und Bisexualität. Alles, was je über Schwule bzw. von Schwulen geschrieben wurde, findet sich hier in den Bücherregalen oder läßt sich innerhalb kürzester Zeit bestellen. Zum Sortiment des Ladens gehören Romane, Bildbände, Sachbücher, Erzählungen, Gedichtbände, Comics und vieles mehr. Insgesamt sind rund 10 000 Titel vorhanden. Auch das Zeitschriftensortiment führt quer durch das gesamte Spektrum schwuler Erotik und Sexualität. Geführt werden ebenfalls englisch- und französischsprachige Titel. Neuerdings läßt sich auch über den „Prinz-Eisenherz"-Versandhandel bestellen.

In Prenzlauer Berg gibt es seit über sechs Jahren den schwulen Buchladen **Adam**. Über Krimis und Belletristik bis hin zu Fachbüchern findet der homosexuelle Bücherwurm hier alles, was sein Herz begehrt. Die meisten der geführten Titel sind deutschsprachig, das Sortiment umfaßt aber auch ein paar englischsprachige Werke. Die Ausrichtung bei „Adam" ist nicht „strictly gay". Auch lesbische Literatur steht in den Regalen. Daneben gibt's hier auch Videos, CDs, Postkarten und ein paar Erotikartikel.

Die **Galerie Janssen** am Ludwigkirchplatz war ursprünglich eine Galerie, die sich dem Thema „Der Mann in der Kunst" verschrieben hatte. In wechselnden Ausstellungen wurden Werke von Künstlern wie Jean Cocteau, Jürgen Draeger, Peter Flinsch, Nigel Kent, Tom of Finland und Ralf König gezeigt. Wie so oft erwies sich die Kunst auch hier als nicht rentabel. Deshalb bietet die Galerie Janssen mittlerweile, zum Bedauern ihres Besitzers Olaf Arendt, nur Bücher und Videos an. Schwerpunkt des Angebots ist jedoch nach wie vor homosexuelle Kunst und Erotik. Das Zeitschriftensortiment ist groß und reicht vom Kontaktmagazin bis zum Pornoheft. Das Literaturangebot ist fast ausschließlich deutschsprachig. Das Videosortiment umfaßt rund 800 Kassetten. Daneben gibt's hier auch Poster und Geschenkartikel.

Ein Tip für diejenigen, die nicht so viel Geld ausgeben wollen und/oder wissenschaftlich arbeiten, ist das **Archiv des Schwulen Mu-**

seums in Kreuzberg. Die ehrenamtlichen Betreiber haben eine umfangreiche Sammlung zum Thema Schwulsein zusammengetragen. In den Räumen am Mehringdamm ist auch eine Phonothek gelagert, die Schallplatten und Mitschnitte von Radiosendungen enthält, außerdem gehören eine Videothek, ein Filmarchiv sowie eine Foto- und eine Plakatsammlung zum Fundus.

Die Bibliothek des Archivs umfaßt ungefähr 4000 Bände von Schwulen und über Schwule. Das Spektrum reicht von Belletristik über Medizin, Sexualwissenschaft und Recht bis zu Theater, Film und Malerei. Im Zeitschriftenarchiv sind um die 800 fortlaufende Titel katalogisiert, geordnet nach englischsprachigen, deutschsprachigen und anderen europäischen Zeitschriften. Inhaltlich reicht die Palette vom politischen Mitteilungsblatt bis zum Porno. Ein Besuch in der Präsenzbibliothek lohnt sich auf jeden Fall. Dort kann man auch kopieren.

Für Literatur rund um die Frauenliebe gibt es in Berlin nur ein schmales Sortiment, vor allem seit auch der Frauenbuchladen „Lilith" seine Pforten geschlossen hat. Wie bereits erwähnt, vertreiben auch die Schwulenbuchläden ein wenig Lesben-Literatur. Es gibt jedoch auch reine Frauenbuchläden in Berlin.

Literatur zu Kultur, Leben und Geschichte lesbischer Frauen gibt's gratis im **Spinnboden**. Die Präsenzbibliothek verfügt über ein umfassendes Archiv an Sachbüchern, Belletristik, wissenschaftlicher Fachliteratur, Fotos und Videos (Besuch nach telefonischer Vereinbarung oder mittwochs und freitags von 14 bis 19 Uhr).

Ein Buchtip noch: Der Berliner Autor Holger Schenk hat ein entspanntes Werk zum Thema Sex geschrieben. „Individuelle Lust – Gegen die Macht des definierten Sexes" heißt das dtv-Buch (19,90 DM), in dem er seine These vorstellt: Nur wer sich von Klischees, Normen und Gewohnheiten löst, kann individuelle Lust leben.

DAS ARCHIV FÜR SEXUALWISSENSCHAFT

Kopulierende Porzellan-Pärchen, verschlungen in unterschiedlichen Posen, tummeln sich in einer Glasvitrine. Von den Wänden blicken die Pioniere der deutschen Sexualforschung auf den staunenden Besucher des **Archivs für Sexualwissenschaft** in Berlin Mitte herab: Iwan Bloch, Magnus Hirschfeld, Albert Moll, Ernst Gräfenberg und andere zählen dazu. Sie waren allesamt Berliner, und das deutet auch gleich auf etwas hin: Die Stadt galt vor dem Zweiten Weltkrieg zugleich als Wiege und weltweites Zentrum der Sexualwissenschaft.

An diese Tradition möchte Erwin Haeberle anknüpfen. Im Juli 1996 eröffnete er deshalb das Archiv in der Hannoverschen Straße, das neben der ehemaligen Ständigen Vertretung der BRD in der DDR liegt.

In den Regalen des Archivs finden sich die Schriften des Sexualforschers Magnus Hirschfeld aufgereiht, der als einer der Väter der Sexualwissenschaft in Deutschland gilt. Der aktive Wissenschaftler, Arzt und Reformer machte sich nicht nur als engagierter Kämpfer gegen den Paragraphen 175 einen Namen, sondern auch als einer der Nestoren der Sexualwissenschaft. Seine Leistungen sind einzigartig: 1908 gab Hirschfeld die erste „Zeitschrift für Sexualwissenschaft" heraus. 1919 eröffnete er das Institut für Sexualwissenschaft im Bezirk Tiergarten. Dort gelegen, wo heute die Kongreßhalle bzw. das „Haus der Kulturen der Welt" steht, wurde die Einrichtung 1924 vom Staat als gemeinnützige Stiftung anerkannt. Das Institut, in dem Hirschfeld zusammen mit mehreren namhaften Kollegen arbeitete, hatte es sich zur Aufgabe gemacht, „alle Probleme der Sexualität im weitesten Umfang der wissenschaftlichen Erforschung und Lehre sowie der praktischen Bearbeitung ärztlicher und sozialer Art zugänglich zu machen". Das Forschungs- und Therapiezentrum fand bald weltweite Anerkennung. Zu den ausländischen Gästen gehörten so prominente Persönlichkeiten wie Margaret Sanger, Jawaharlal Nehru und der französische Schriftsteller André Gide.

Das Haus bot regelmäßig Vorträge, Kurse und Beratungen über sexuelle Probleme an. Hier entstand auch die erste Eheberatungsstelle Deutschlands. Die Behandlungen und Beratungen wurden vom Institut in der Regel kostenlos angeboten.

Hirschfeld, der selber homosexuell war, verkehrte nicht nur zu Studienzwecken im „Milieu". Er kannte Stricher und Prostituierte und besuchte die einschlägigen Bars. Auch seinen Patienten riet er mitunter zu Therapien „vor Ort".

Den Nationalsozialisten war seine Arbeit natürlich ein Dorn im Auge. Nach der Machtübernahme Hitlers wurde das Institut für Sexualwissenschaft deshalb durch die Nationalsozialisten geplündert und die umfangreiche Bibliothek mitsamt dem großen Archiv öffentlich verbrannt. Man munkelte, daß prominente Nationalsozialisten zu den

Patienten des Instituts gehörten, die befürchteten, daß intime Dinge über sie an die Öffentlichkeit gelangen könnten.

Das Ende des Instituts zog auch einen Schlußstrich unter die Sexualwissenschaft in Berlin. Die meisten der jüdischen Wissenschaftler konnten in Deutschland nicht mehr arbeiten und flohen ins Ausland. Zu ihnen gehörten Magnus Hirschfeld, Max Marcuse, Wilhelm Reich und Ernst Gräfenberg (der später im New Yorker Exil die Gräfenberg-Zone, auch G-Spot genannt, entdecken sollte).

Das alles und vieles mehr läßt sich in der Präsenzbibliothek in der Hannoverschen Straße nachlesen. Derzeit umfaßt das Archiv einen Grundstock von rund 5000 Bänden und etwa vierzig Zeitschriften. Ein Großteil davon sind Spenden, die Besucher dem Archiv überlassen haben. Darunter finden sich historische Schriften ebenso wie Aufklärungsbücher, Videos und wissenschaftliche Abhandlungen. Ob es sich um Sadomasochismus, Masturbation, schwule und lesbische Liebe, Pädophilie oder Sextourismus in Thailand handelt – hier finden sich Antworten auf viele Fragen. Und das nicht nur für Wissenschaftler. Ein Besuch lohnt sich also.

DIE EROTIKA-SAMMLUNG K.

Die **Sammlung K.** – ein großes Berliner Altbauzimmer voller Erotika: Bücher, Bilder, Gegenstände. Seit Jahrzehnten trägt W. K., emeritierter Chirurg, Erotisches zusammen, vor allem Bücher, aber auch Graphik, Exlibris, Kleinplastik und Gebrauchsgegenstände. So ist eine einzigartige Kollektion von Text und Bild entstanden.

Die Sammlung ist nicht öffentlich zugänglich; Teile wurden jedoch immer wieder in Ausstellungen gezeigt, beispielsweise mehrmals im Schloß Molsdorf bei Erfurt, in Jena, Chemnitz und Neubrandenburg. Erfolgreich war 1990 „Leda und der Schwan" auf Schloß Wilhelmshöhe in Kassel. Kleine Ausstellungen gab es bei „Ars Vivendi" in Charlottenburg und in den Hackeschen Höfen. 1997/98 zeigte das Erotik-Museum von Beate Uhse „Leda und der Schwan".

So mancher Gegenstand aus der „Sammlung K." birgt pralle Erotik und ist zugleich ein Stück Zeit- und Kulturgeschichte: Da wäre der weibliche Nußknacker von den Philippinen, das Korkenziehermännchen, der Porzellan-Staubpinsel aus den vornehmen Haushalten der zwanziger Jahre (Puppen mit „Pinselrock", die sogenannten „working women"), zwei kleine Elfenbeinwürfel in Form eines zusammengekauerten Pärchens, wobei der kleine Unterschied deutlich sichtbar ist, oder die Scherzfigur aus der Zeit der Jahrhundertwende: Dem Porzellanfräulein fließt oben am Kopf eingegossene Flüssigkeit aus einer Brustwarze wieder hinaus. Außerdem beherbergt die Sammlung einen 150 Jahre alten französischen Pfeifenkopf, der ein Männerprofil aus mehreren ineinander verschlungenen Frauenkörpern darstellt, Vorläufer einer Zeichnung mit einem aus Frauenleibern gebildeten Kopf von Sigmund Freud, Titel: „What's on a man's mind?" Hübsch anzusehen ist auch der japanische Briefbeschwerer als kopulierendes Paar oder die Sparbüchse in Form einer Brust – als Fruchtbarkeitssymbol sollte sie das Geld mehren (Deutschland um 1900).

Gesammelt hat W. K. schon als Schüler, Bücher aus dem Insel-Verlag, dann alte medizinische Werke. Um 1948 stieß er auf eine Anzeige, in der ein Antiquar Bücher zum Thema Sittengeschichte anbot. Er bekam unter anderem die „Geschichte der Sigea" aus dem Insel-Verlag. Das schöne Buch reizte ihn zum Sammeln erotischer Texte. Später tauschte er mit einem Sammlerfreund und erhielt neben Büchern eine Sammlung erotischer Graphik, Exlibris und kleine erotische Gegenstände, darunter eine Zigarettenspitze mit dem Motiv „Leda und der Schwan". Das war der Anfang einer Kollektion von mittlerweile über 300 Graphiken und Exlibris sowie einigen Kleinplastiken.

Inzwischen sind die Bücherregale so voll, daß nur noch ganz ungewöhnliche Sammlerstücke hinzukommen. Vieles bekam W. K. geschenkt: „Sie sammeln doch so was", hieß es immer wieder.

Der Sammler ist übrigens auch Buchautor. Mehrere von ihm selbst herausgegebene Bücher stehen im Regal. So erschien 1987 (und 1989) im Eulenspiegelverlag „Die Schöne und der Schwan", mit 66 Bildern aus der „Sammlung K." 1992 erschien „Die Frau als Nußknacker oder der Mann als Korkenzieher" bei edition q. Darin wird erläutert, welche Erotika schon immer zum Alltag gehörten. Dabei wird das gesamte Spektrum der Erotik zwischen Kunst und Kitsch vorgeführt. Das Werk wurde sogar ins Japanische übersetzt; die deutsche Auflage ist längst vergriffen. Zuletzt erschienen in Frederiksham in Dänemark bei Exlibristen „Der erotisch Helfenbein" und bei Faber & Faber in Leipzig „Büchermädchen" mit Texten und hundert erotischen Exlibris aus der Sammlung.

In der „Sammlung K." findet sich auch einiges aus Berlin, beispielsweise Ausgaben der „Hurengespräche" von Heinrich Zille und Grafiken von Michael Fingesten, Fritz Cremer, Werner Klemke und vielen anderen.

Die Bücher der Sammlung, nicht nur deutsche, sondern auch zahlreiche englische und französische Werke, manche mit gewagten erotischen Illustrationen, reichen zeitlich von der Französischen Revolution bis zur Gegenwart. Auf die Frage, welche seine erotischen Lieblingsbücher seien, meint W. K.: natürlich die Eigenprodukte, zum Beispiel „Hermaphroditus", eine Zusammenstellung erotischer Textstellen in der römischen und griechischen Literatur (Edition Leipzig, 1984), und das Leda-Bändchen. Sonst der schon genannte „Meursius: Die Gespräche der Sigea", Insel-Verlag 1903, Exemplar Nr. 623 in Halbpergament mit Margeritenmuster auf dem Einband. Im Text erklären erfahrene Frauen der Antike jungen Mädchen die Liebe. Oder das wunderschöne, von Werner Klemke illustrierte Bändchen „Die Facezien des Poggio" (Leipzig 1967) – eine Sammlung lockerer Schwänke, auch in Halbpergament mit handgefertigtem marmorierten Papier. 1976 wurde das Werk in vier Lederbändchen im Miniformat mit Rundum-Goldschnitt herausgebracht. Gedruckt wurden sie in der berühmten Druckerei Offizin Andersen Nexö (heute wieder Offizin Haag-Drugulin). Indira Gandhi soll so eine Ausgabe als DDR-Staatsgeschenk bekommen haben.

Auch sogenannte Volkserotik ist in W. K.s Bibliothek zu finden, so neben Gegenständen auch „Der unanständige Witz" von Gershom Legman (Hoffmann & Campe 1970, Hamburg). Dieser dicke Band über den erotischen Volkshumor ordnet 2000 unanständige Witze nach Themen und Motiven, mit Erläuterungen und geographischen Angaben, wo der Witz erzählt wurde. Es ist also ein Monumentalwerk zur Erheiterung des Lesers.

Der eine oder andere Leser ist dem Sammler möglicherweise schon begegnet, vielleicht nicht persönlich, aber einigen seiner Figuren. Im ehemaligen DDR-Fernsehen drehte sich zum Sendeschluß zwischen Weihnachten und Neujahr jeweils ein Liebespärchen in Aktion auf einem Teller.

Erotik und Kunst

Erotische Kunst gab es schon immer. Ganz unverhüllt zeigen prähistorische Höhlenmalereien männliche und weibliche Geschlechtsteile. Bei den alten Griechen vergnügten sich kopulierende Paare, Homos wie Heteros, auf den Böden von Trinkgefäßen. In der deutschen Hauptstadt gibt es inzwischen zwei Museumsadressen, die solche und ähnliche Kunstobjekte der Begierde öffentlich zur Schau stellen: das „Erotik-Museum" von Beate Uhse und das weltweit einzigartige „Schwule Museum" in Kreuzberg, das sich seit Jahren der Erforschung des homosexuellen Lebens widmet.

Eigentlich sollte in den Hackeschen Höfen das „Erotische Museum" eröffnet werden. Das Projekt wurde jedoch noch in seiner Anfangsphase aufgegeben. Schade eigentlich, wollte doch die vermeintliche Gründerin Gaby Barton, die in Charlottenburg auch einen prickelnd-lustvollen Laden mit Galeriebetrieb (den es leider auch nicht mehr gibt), keinen Schmuddelkram für Voyeure zur Schau stellen, sondern auf „Herz & Nieren geprüfte" Erotik und historisch fundierte Ausstellungen zeigen.

Eros-Art – ein beliebtes Thema in der hiesigen Kulturszene. Im Frühjahr 1999 beispielsweise brachte Berlins angesagteste Off-Bühne, die Sophiensäle in Mitte, Dirk Cieslaks Inszenierung „Durchgehend geöffnet", eine anonyme Sex-Recherche, auf die Bühne. Die „Galerie Ackerstraße" in der Ackerstraße 154 lenkte den Blick der gewillten Zuschauer auf das „Eine", auf deutlich sichtbare Körperteile und die Lust. Im Sommer lud die Prenzelberger „Kulturbrauerei" zur erotischen Lesung mit Performance: Die Autorinnen Karin Aderhold und Jutta Ahrens trugen mit „Midiaan oder Die Versung der Gier" vor, wie wunderbar Sex & Crime zwischen die Buchdeckel passen.

Ihren Beitrag zum kulturellen Eros-Geschehen leisten auch Galerien. Eine reine Erotik-Galerie gibt es nicht. Einige Galeristen machen aber keinen Hehl daraus, daß, wenn ihre Kunst nicht per se mit Erotik einhergeht, die Ausstellung sinnlicher Objekte unbedingt dazugehört. Sogar das Heimatmuseum Charlottenburg wagte sich 1999 in seiner Osterausstellung ans sündige Thema – zu den ovalen Exponaten gehörte auch so manch erotisch bemaltes Ei.

EROTIK IM MUSEUM

Beate Uhse bescherte der Hauptstadt zahlreiche Sex-Shops. Das Geschäft schien gut zu laufen, und so erhielt Berlin quasi als Belohnung Anfang 1996 noch das **Erotik-Museum** hinzu. Genaugenommen stimmt diese Erklärung so nicht ganz. Eigentlich wünschte sich die Sex-Großhändlerin München als Standort für ihre Vitrinen-Erotik. Da die Bayern jedoch ablehnten, mußte sie gen Norden ziehen und fand Aufnahme an der Spree.

Die Lage und die Öffnungszeiten sind ganz auf die alteingesessene Kundschaft abgestimmt. Im „Bahnhofsviertel", nur wenige Schritte vom Bahnhof Zoo und den dort anzutreffenden Stricher-Jungs entfernt, hat das Museum seinen Sitz – oberhalb eines Shops der eigenen Erotik-Kette. Geöffnet ist es täglich von 9 Uhr in der Früh bis Mitternacht und das 365 Tage im Jahr.

Für 10 DM Eintritt gibt es ca. 3000 Exponate auf drei Etagen zu bestaunen: Splitternackte Pärchen, verschlungen in allen möglichen Kamasutra-Stellungen, handgeschnitzte Vorläufer zeitgenössischer Gummidildos, frühzeitliche Pornos auf alten Schriftrollen und die primären Geschlechtsorgane in allen Varianten. Auch auf laufende Bilder, Beiträge aus der Frühzeit des erotischen Films und Computer-Sex wurde nicht verzichtet. Außerdem gibt es Schauräume und -ecken: ein S/M-Studio, ein Heinrich-Zille-Atelier, Erinnerungen an Herzensbrecher Rudolph Valentino und natürlich an die Stifterin des kommerziellen Musentempels. Was die ausgestellten Fotos aus dem privaten Album der Beate Uhse allerdings mit Erotik zu tun haben, bleibt offen.

Einzigartig in der Stadt – ja sogar in der Welt – ist das **Schwule Museum**. Seit 1985 sind die Mitarbeiter der Einrichtung aktiv und engagiert um die Erforschung und Darstellung homosexuellen Lebens bemüht. Rund sechsmal im Jahr finden hier Ausstellungen statt, die sich vor allem mit Sozialgeschichte und Kultur beschäftigen. Bereits gezeigt wurden etwa Ausstellungen zum Paragraphen 175, zu Tom of

Finland, Kunst und Alltag mit Aids, Kunst und Pornographie und zum hundertjährigen Bestehen der Schwulenbewegung die Ausstellung „Goodbye to Berlin?" Einmal pro Jahr wird eine Ausstellung zur Reihe „Lebensgeschichten" zusammengestellt, in der homosexuelle Zeitzeugen, deren Lebensläufe wichtige Aspekte schwuler Geschichte spiegeln, zu Wort kommen. Daneben finden hier auch Lesungen, Performances und Vorträge statt.

Das „Schwule Museum" finanziert sich ausschließlich durch Einnahmen und Spendengelder. Auch die Archivbestände basieren größtenteils auf Spenden von Besuchern und Gönnern. Das Museum hat mittlerweile auch international einen Namen erlangt; das bezeugen die vielen ausländischen Besucher, die den Weg in den Kreuzberger Hinterhof finden. Getragen wird das Museum samt Archiv vom „Verein der Freunde eines Schwulen Museums in Berlin e.V.".

DIE GALERIEN

Wer Mitte der neunziger Jahre die große Retrospektive „George Grosz Berlin – New York" in der Neuen Nationalgalerie gesehen hat, erinnert sich vielleicht noch an die deftig-erotischen Werke des Malers. Beim „Kauernden Rückenakt" und „Kniendem in Erregung", „Phallus unter weiblichem Rückenakt" oder dem „Halbbekleideten, stehenden Zwitter" ging es in aller Schärfe und Deutlichkeit zur Sache. Daß diese und ähnliche Bilder, die eine Sonderstellung im Werk des Berliner Künstlers einnehmen, im Mies-van-der-Rohe-Bau gezeigt werden konnten, ist dem Kunsthändler Florian Karsch zu verdanken. Der Galerist der **Galerie Nierendorf** in der Charlottenburger Hardenbergstraße verwaltet ein erotisches Kabinett von Grosz.

Karsch und seine Ehefrau Inge übernahmen 1958 als letzte Station eine Wanderausstellung mit Aquarellen und Zeichnungen, die Grosz in den USA zusammengestellt hatte. Die Schwägerin von Grosz wohnte damals am Savignyplatz und bewahrte dort einen großen Teil seines Werkes auf. Die Galeristen nahmen den Kontakt auf und durften neunzig weitere Arbeiten in der Ausstellung zeigen. Aufgrund des guten Verkaufsergebnisses reisten auch Grosz und seine Frau nach Berlin. Während der vier Monate, die sie am Savignyplatz wohnten, waren die Galeristen mit dem Künstlerehepaar befreundet. Grosz, der im Sommer 1959 starb, überließ Karsch nach der Ausstellung fünfzig

Papierarbeiten (sie stammten vor allem aus seiner Zeit in den USA und waren teilweise unsigniert), mit der Bitte, sie nicht sofort auf den Markt zu bringen, sondern erst, wenn sie auf größeres Verständnis stoßen würden. Der Zeitpunkt, die Werke aus dem klassischen Bereich der „erotischen Kunst" für die Öffentlichkeit zugänglich zu machen, schien dem Galeristen rund 35 Jahre später gekommen, als er zum hundertsten Geburtstag von George Grosz im Herbst/Winter 1993/94 zu einer Ausstellung lud. Unter den 636 Werken von fünfzig Künstlern des zwanzigsten Jahrhunderts waren 62 Arbeiten von Grosz, die pikanten natürlich auch. Zwar wurden sie nicht alle aufgehängt und manche nur auf Nachfrage hinter dem Vorhang hervorgeholt, doch für die Presse war das ein gefundenes Fressen.

Karsch betrachtet sein erotisches Grosz-Kabinett mit einem Schmunzeln. „Das macht einen doch nicht an, das ist doch zuviel Kunst", meint er. Die erhitzten Gemüter hat er damals wie heute nicht verstanden, schließlich sei doch alle Kunst erotisch.

Die Galerie, die seit nunmehr einem Dreivierteljahrhundert für ihre bedeutende Sammlung deutscher klassischer Moderne (hauptsächlich Papierarbeiten) bekannt ist, stellte auch zur Vorstellung des „Erotischen Museums" im Dezember 1994 ein Grosz-Aquarell zur Verfügung: „Sitzende und Liegende im Schlafzimmer" von 1925.

Immer noch stehen viele der zwischen 40 000 und 90 000 DM teuren Werke schon aus Platzgründen hinter dem Vorhang (die Galerie residiert wieder in der Beletage des Hauses, nun in größeren Räumen im ersten Stock). Noch sind sie dort auch zu sehen. 1995 vereinbarte der Galerist eine Schenkung an die Berlinische Galerie. Im Falle des Todes des Galeristen und seiner Frau erhält das Landesmuseum für Moderne Kunst, Photographie und Architektur die Hälfte der Sammlung Nierendorf/Karsch. Daß auch der erotische Grosz mit dem oben erwähnten Aquarell darunter sein wird, versteht sich von selbst. Eine Ausstellung der 48 Erotika fand von April 1998 bis März 1999 im „Erotik-Museum" von Beate Uhse statt; dazu gab es auch einen gut fünfzig Seiten starken Katalog samt 39 farbigen Abbildungen.

Den Berliner Künstler Peter Sorge hat Eva Poll in ihrer Galerie für figurative Kunst schon von Anfang an im Programm. 1968 eröffnete sie die **Galerie Eva Poll**, in der die Auseinandersetzung mit der Erotik immer wieder Thema ist. Sorge beispielsweise befaßt sich in seinen

Zeichnungen und Graphiken mit dem, was er täglich in den Medien sieht: „Sex & Crime". In seiner künstlerischen Arbeit entstehen daraus Bilder, in denen Totenköpfe, pornographische Elemente, das Rotlichtmilieu, Krieg, Umweltverschmutzung und soziale Probleme immer wieder aufeinandertreffen und kombiniert werden. Daneben stellt Eva Poll die großen Bilder von Volker Stelzmann aus. Seine Motive „Peepshow" oder die „3 Damen in Amsterdam" sprechen für sich, genauso wie die lasziven Akte, Figuren und Zeichnungen, von Hans Scheib. Erotik in ihren unterschiedlichsten Formen ist auch Bestandteil der Arbeiten bei vielen anderen Künstlern – ein Besuch in der „Galerie Poll" führt dies vor Augen.

In der **Galerie NIL** hängen die Öl- und Acryl-Werke des Künstlers. Nil Ausländers Standpunkt zur Erotik bzw. zur Kunst ist eindeutig. „Ich finde alle Kunst erotisch", sagt er. Es bleibt also dem Betrachter selbst überlassen, ob er die Werke des Galeristen und Künstlers erotisch findet, seine hintergründige Erotik entdeckt. Ob der „Pisser" in all seinen Variationen dafür steht, das oft wiederkehrende Motiv „Frau mit Krokodil" oder die Blondine mit Schmollmund, die sich laut Sprechblase „immer so beobachtet fühlt"? Wahrscheinlich war sie es auch; bei meinem Besuch in der Galerie ging sie gerade für eine runde Summe an einen männlichen Käufer.

Erotik sei sein Motor und er liebe die Frauen – daraus entstünden seine Bilder –, erklärt Nil sein Schaffen der zumeist von kräftigen Farben und harten Konturen strotzenden Bilder. Er produziert auch Kalender; seine erotischen Zwerge belegen den humorvollen Umgang mit dem Thema. Die großformatigen Werke des Künstlers kosten zwischen 900 und 8000 DM. Lust- und humorvoll auch sein neuestes Projekt: Auf verleimten Holzdielen tummeln sich lauter „Madonnen der ununterbrochenen Hilfe".

Bei der letzten Berliner Erotik-Messe „Eurotica" gehörte die **Bildhauergalerie Messer-Ladwig** zu den Teilnehmern des „Erotic-Art-Pools". Verschiedene Galeristen aus Deutschland und Frankreich, die Erotik zu einem ihrer künstlerischen Themen erhoben haben, stellten gemeinsam aus. In den Schöneberger Galerieräumen zeigt Günter Ladwig ganzjährig Bilder und Skulpturen, die immer auch erotisch sind. Die Galerie setzt seit einem Jahrzehnt vor allem auf figurative Plastik. Immer wieder ist der nackte Körper in den Wechsel- und Dauerausstellungen wichtiger Bestandteil. Hocherotische Körper sind etwa die von Georg Viktor, die er in Marmor arbeitet. „Chaps" von 1995 beispielsweise zeigt einen weiblichen Po mit String und Chaps, der sich dem Betrachter entgegenreckt.

Der Galerist und Künstler **Zandi** hat zwei Regeln für seine Galerie aufgestellt. Die erste besagt, daß er nur Bilder ausstellt, die ihm gefallen. Die zweite legt fest, daß immer ein erotisches Werk unter seinen Ausstellungsstücken zu finden ist. Beides fällt ihm nicht schwer. Letzteres vor allem deswegen nicht, weil er selber viele erotische Bilder malt. Das Atelier des 44jährigen Malers hinter dem großzügigen Ausstellungsraum an der Mommsenstraße, Ecke Leibnizstraße in Charlottenburg beherbergt denn auch immer zahlreiche Werke aus seinem sinnlichen Schaffen.

In seinen vier Galeriefenstern präsentiert er grundsätzlich vier verschiedene Künstler. Eines davon belegt er mit eigenen Arbeiten. Manchmal hängen bis zu sechs oder sieben Erotik-Bilder in der „Galerie Zandi", in der Regel sind es weniger. Die „Zandis" unter ihnen sind schnell ausgemacht. Die Faszination weiblicher Körper (Gesichter interessieren den Künstler weniger) ist in aggressiven und kontrastreichen Farben auf die Leinwand gebracht. Ein kräftiges Blau, dazu ein leuchtendes Gelb, so zeigt sich die hauptsächlich in Öl, manchmal auch Acryl festgehaltene Lust mit Titeln wie „Erotik I" oder „Erotik II". Hin und wieder ist auch ein romantischer Akt in Gelb, Braun und Weiß dazwischen. Beim „Mädchen" von 1996 hat er mit Kohle, Wasserfarben, Gold- und Bronzepulver gearbeitet. Auftragsmalerei gehört nicht zu seinem Metier. Wer einen „Zandi" will – meist wird die erotische Kunst nur fürs Private gekauft –, wählt unter den ausgestellten aus, sie sind für rund 5000 bis 10 000 DM erhältlich.

FRAUEN FOTOGRAFIEREN FRAUEN

Vor der Fotokamera von Nicole Urbschat-Krüger und Daniela Urbschat-Huber werden Frauen zum Vamp. Erotische Aktfotografie ist die Spezialität des **Fotostudios Horst Urbschat & Töchter**. Im netten Studio und in lockerer Atmosphäre kann man sich in seiner Traumrolle fotografieren lassen. Vom professionellen Team inklusive Visagistin und Friseurmeisterin wird man erstmal perfekt beraten. Hintergründe werden ausgesucht und das passende Licht gesetzt, bevor die Fotografinnen in Aktion treten. Ob Haut pur oder verführerische Dessous, bleibt der Kundin überlassen: Heraus kommen immer Fotos voll prickelnder Erotik. Dabei wird frau vom Schminken bis zum Entwickeln der Bilder ausschließlich von Frauen betreut und kann getrost alle Hemmungen ablegen.

DER KÜNSTLER ARPITAM

Seine Frauenkörper sind sinnlich und aufregend. Einige sind auf den ersten Blick erkennbar, einige erscheinen erst nach längerer Betrachtung. Die schlanken Figuren mit den wohlproportionierten Rundungen verdecken nichts von ihrer Blöße, sind verführerisch, ohne obszön zu wirken. Warum **Arpitam**, vierzigjähriger Künstler mit Wahlheimat Berlin, schwerpunktmäßig Erotisches für seine großformatigen Bilder wählt, bedarf nur einer kurzen Erklärung: „Gibt's was Besseres?!"

„Nightlife", das „Eroticgame" von Evelyn Bischoff, hat er mit ästhetischen und intensiven Bildern rund ums Thema Sex und Lust gestaltet – das Cover mit einer Grazie in High Heels, das erotische Spielbrett mit anregenden Szenen quer durch die Nacht.

Diese Zusammenarbeit war einer von vielen unterschiedlichen Aufträgen für den Autodidakten mit einem Jahr Freier Kunstschule Stuttgart. Genauso kommt es vor, daß jemand seine Partnerin gemalt oder eine ganz individuelle Phantasie gestaltet haben möchte. Die meisten der vielseitigen Motive entstehen allerdings aus eigenen Ideen. Sie werden in der ganzen Stadt, etwa in Firmen, Hotels und Galerien ausgestellt.

Um die 2000 bis 4000 DM kostet ein echter „Arpitam". Dafür gibt es nicht nur sich lasziv räkelnde weibliche Torsos in gespachteltem Acryl und Pastell, sondern auch ein Stück Lebensanschauung des Künstlers. Sex mit Gefühl ist das, was ihn reizt und was er zeigen möchte. Die ganz offene Erotik seiner Körper verbindet sich mit Licht, Tanz und Bewegung zu intensiven und anregenden Bildern, die ein Highlight für jedes Zimmer sind.

Mann und Frau, Paare mit Lust und Leidenschaft – ein Thema, das immer wieder auftaucht, ohne dabei banal zu wirken. Seine Figuren sind ästhetisch, die fehlenden Gesichter lassen Raum für die eigene Phantasie. Der Künstler benutzt kräftige und eigenwillig bestechende Farben. Statt in Rot-Schwarz findet man die Schönheiten eingetaucht in warmes Gelb und feuriges Orange bis hin zu kühlem Blau oder sanften Zwischentönen in Pastell. Sein Atelier hat Arpitam in seiner Wohnung in Wilmersdorf. Dort kann man den Künstler nach vorherigem Anruf besuchen und sich sein erotisches Leinwandschaffen zeigen lassen.

„NUTTEN & NÜTTCHEN"

Sie machen lustige Aktionen, feucht-fröhliche Öffentlichkeitsarbeit, „Nuttenjubelarbeit", Strips, Videos und im Sommer die Strich-Spaziergänge „Hur Tours" durch das Scheunenviertel: „Nutten & Nüttchen", eine kleine Agitprop-Gruppe, die sich die „Sextroika" auf die Fahnen geschrieben hat. Ihr Name ist Provokation. Nutte ist ein Schimpfwort, und auch viele Huren wollen so nicht bezeichnet werden. So lautet das Motto von „Nutten und Nüttchen": Wir sind Nutten und unberührbar.

Vereine sind meistens gemeinnützig. „Nutten & Nüttchen" (kurz NuNü), der 1987 von Berliner Sexarbeiterinnen gegründete e.V., hingegen ist eigennützig. Das Ziel: Heraus aus dem sogenannten dunklen Milieu, hinein ins Rampenlicht. Entsprechend aufsehenerregend sind die Auftritte von NuNü. Im Jahr des Berliner Mauerfalls riefen sie den „Internationalen Hurentag" ins Leben und feierten dessen Geburt mit Straßentheater und einer öffentlichen Talkshow auf dem Ku'damm. Schlag auf Schlag folgten weitere medienwirksame Aktionen: 1991 der „Fragen-Strich an der Scheidelinie Ost/West" am Checkpoint Charlie, einstündige Huren-Warnstreiks anläßlich der Ermordung einer Prostituierten, 1992 die Ausstellung „Pralle Mäuse" im „Museum der Verbotenen Kunst" und die „Nuttenjubelparade" auf der Oranienburger Straße. Ein Jahr später das 35-Minuten-Kino mit dem ersten NuNü-Hurenvideo „Keine Panik" und Performances.

Amüsant und brisant ist die „Hur Tour" für jedermann und -frau. Was sich in den letzten hundert Jahren so alles auf den Berliner Strichen zutrug, das erzählen NuNü seit drei Jahren auf ihrem Stadtteilspaziergang durch den Bezirk Mitte (siehe auch Seite 30). Mit Referaten und Seminaren klärten NuNü auch an Berliner Schulen auf. Selbst den Studierenden konnte noch einiges beigebracht werden – 1994 fand das erste Sonderpädagogik-Seminar zur Sexarbeit an der Freien Universität statt.

REVUE, VARIETÉ, CABARET

Revue-Theater, Varieté-Theater oder Cabaret sind Begriffe, unter denen in Berlin mehr oder weniger erotische Shows präsentiert werden. Besonders beliebt sind das „Chez nous" und das „La vie en rose" bei Touristen, die hier, zumeist im Rahmen einer nächtlichen Erlebnisfahrt mit anschließendem Spielbank-Besuch, einen Hauch des „verruchten" Berlins erschnuppern wollen.

Bereits seit gut vierzig Jahren bietet das Cabaret **Chez nous** Abend für Abend ein Festival der Travestie. Gestandene Männer verwandeln sich mit perfekter Maske und aufwendigen Kostümen in Traumfrauen und präsentieren eine Show mit Comedy und Erotik.

Eine lange Tradition im Berliner Nightlife hat auch die Revue **La vie en rose**, die inzwischen im City Airport Tempelhof ihre Showbühne errichtet hat. Neben einer täglichen Showtime – außer Montag – gibt es noch die Magic-Piano-Bar mit einem eigenen Programm. Die Show im „La vie en Rose" besteht vorwiegend aus klassischen Varieté-Nummern wie dem vielgeschlechtlichen Verwandlungskünstler, Zauberillusionen oder der barbusigen Schlangen-Lady; alle zwei Monate steht ein Showwechsel an.

In der Friedrichstraße versuchte schon zu DDR-Zeiten der **Friedrichstadtpalast** mit seinen Revues hauptstädtischen Glanz zu verbreiten. Auch heute noch bezeichnet sich der Palast als „Europas größtes Revue-Theater" und präsentiert in seinen Shows großes Revueballett mit langen Beinen und viel Haut.

Mit dem erotischen Touch spielt auch das Cabaret in der **Lützower Lampe**. Nicht umsonst bezeichnet es sich selbst als „Tingeltangel".

Nicht unbedingt besonders erotisch, aber allemal ein gutes Programm ist die Show in Berlins Vorzeige-Varieté im **Wintergarten** in der Potsdamer Straße. Der Wintergarten versucht, an die Tradition der zwanziger Jahre anzuknüpfen, als sein gleichnamiger Vorgänger in der Friedrichstraße Weltruhm erlangte. Comedy und Akrobatik stehen im Vordergrund. Ambiente und Stil des Hauses schaffen jedoch eine prickelnde Atmosphäre.

Auch im **Chamäleon Varieté** in den Hackeschen Höfen sprechen weniger nackte Tatsachen. Vielmehr gibt die Stimmung bei der Mitternachtsshow, ein wechselndes Varieté-Spontanprogramm, den gewissen Kick. Erotik liegt in der Luft.

Meistenteils haben die in der **Bar jeder Vernunft** auftretenden Künstler nicht unbedingt ein erotisches Programm – aber Ausnahmen bestätigen die Regel. Nein, die Location mit ihrer intimen Atmosphäre ist es, die einen Besuch als Einstieg in einen erotischen Abend lohnend macht. Wie so häufig gilt: „Je später der Abend ..." Besonders zu empfehlen ist daher ab 23 Uhr der „Nachtsalon" oder die „Piano-Bar". Gute Unterhaltung ist aber so oder so garantiert.

Einst öffnete der „Ex-Kreuz-Club" am Sonntagabend seine Tore für eine Veranstaltung der besonderen Art, inzwischen hat diese sinnliche Aufgabe die „Kalkscheune" übernommen: Auf der kleinen Bühne steht eine zierliche Frau. Mit dunkler Stimme singt sie: „Wozu alleine zu Hause sein, wenn draußen das Leben bebt ...?" und begrüßt damit die späten Besucher zum einzigen Erotik-Cabaret der Stadt, zu **„Tanjas Nachtcafé"**.

Ein durchweg buntes Publikum hat sich in dem intimen Rahmen des Clubs eingefunden, um sich von Lautem und Leisem, vor allem aber dem Sinnlichen einfangen zu lassen. Durch den Abend führt die Gastgeberin selbst. Im eng anliegenden Dress bezaubert sie die Gäste mit erotisierenden Chansons. Belohnt wird sie dafür jedesmal mit warmem Applaus und bewundernden Blicken. Zu den Gaststars, die im weiteren Verlauf des Abends auftreten, gehören Dichter, Komiker, Tänzer und Bauchtänzerinnen ebenso wie Travestiekünstler.

Bei der Zusammenstellung ihres Programms legt Tanja vor allem Wert auf Niveau. „Die Leute sollen hier nicht nur oberflächlich konsumieren, sondern auch ein bißchen gefordert werden", meint sie. Die Idee, ein eigenes Cabaret aufzumachen, kam ihr erst 1998. Es habe in Berlin einfach kein Programm mehr gegeben, in dem sie gerne aufgetreten sei. Außerdem habe es ihr keinen Spaß mehr gemacht, ständig Texte zu reproduzieren, erklärt die Chansonette. Etwas Eigenes mußte her – die Geburtsstunde von „Tanjas Nachtcafé" hatte geschlagen.

Auch heute noch ist es so, daß jeder, der hier auftritt, Eigenes und Originelles vorstellt, vor allem aber Sinnliches. Denn, so die Gastgeberin: „Im Cabaret muß man seine Seele auch ein bißchen baumeln lassen können. Es ist wichtig, daß etwas für die Sinne geboten wird, etwas, das die Leute berührt und mitnimmt." Und so verlassen die Besucher die „Kalkscheune", nachdem das Nachtcafé seine Pforten geschlossen hat, angenehm eingestimmt auf eine neue Woche.

Erotische & romantische Orte

ROMANTIK AUF BERLINER GEWÄSSERN

Auf der Suche nach einem romantischen Plätzchen für einen Antrag? Sind der oder die Auserwählte seefest, dann gibt es eigentlich nur eines: sich beim Champagner auf der Luxus-Motoryacht Bacchus des **Yachtcharters P. Weller** zu erklären. Das zentralbeheizte Schiff (also ganzjährig für Anträge geeignet) bietet eine fünf- oder siebenstündige Tagestour mit Skipper durch Berlins und Brandenburgs Gewässer. Im Preis von rund 120 bzw. 160 DM pro Person sind ein Büfett und das Glas Champagner enthalten.

Der **Yacht Charter & Service G. Winkler** kreuzt das ganze Jahr über mit seinem 13,5 Meter langen und mit Mahagoni-Interieur ausgestatteten Schiff durch die Berliner City und die Seen Berlins und Brandenburgs. Die Yacht bietet ein Sonnendeck, eine Badeplattform und einen Salon über zwei Etagen (Preis ab 69 DM pro Person). Natürlich sind die beiden Achterkabinen an Bord mit dem Wichtigsten ausgestatttet – einem französischen Bett.

SAG JA

Wer sich traut, der sollte sich so richtig trauen. Warum nicht das Ja-Wort außerhalb des Standesamtes geben?! Natürlich kann man gleich die exotische Nummer wählen und fürs Ja-Wort in die Karibik oder nach Mallorca fliegen. Aber auch in hiesigen Gefilden gibt es mehr als nur das Zimmer des Standesamtes, um den Bund fürs Leben zu schließen. Gegen eine Extra-Gebühr, ein paar hundert Mark sind es schon, sind die verschiedensten Locations möglich. Ja sagen in über 200 Metern Höhe auf dem Fernsehturm, mit Blick auf den Potsdamer Platz in der liebesroten Info-Box oder im Französischen Dom auf dem Gendarmenmarkt. Auch im Berliner Dom kann man sich trauen lassen. Wer andere Örtlichkeiten bevorzugt, wählt den BVG-Hochzeitsbus oder den neogotischen Salon des Hellersdorfer Gründerzeitmuseums.

Das in einer schmucken Villa beheimatete Standesamt Hohenschönhausen setzt Trauungen mit einem Sektempfang in einer verwunschenen Gartenlaube samt Holz-Sägebock das romantische i-Tüpfelchen auf. Das Standesamt Treptow führt die Brautleute auf Wunsch unter den Sternenhimmel: in die Archenhold-Sternwarte – dort zu heiraten, ist längst ein offener Geheimtip geworden. In der ältesten deutschen Sternwarte erfährt man, ob Venus, Mars oder Jupiter am Himmel stehen und welche Sternbilder das Firmament zieren, während sich die Brautleute das Ja-Wort geben.

Besonders an „Schnapsdaten" wie dem 9.9.99 verlassen die Standesbeamten ihre üblichen Räumlichkeiten und ermöglichen das Ja-Sagen im Zoo oder im Teehaus im Englischen Garten. An jenem historischen Tag konnten auch 99 Pärchen im Palais am Festungsgraben in den Ehehafen steuern. Und manches Paar kommt in den Genuß, am Brandenburger Tor Holz sägen zu dürfen. Im brandenburgischen Luckenwalde wurde sogar der Feierabend über Bord geworfen: „Heiraten bis Mitternacht", so die Devise.

HOCHZEIT AUF DEM SCHIFF

Trauungen und das anschließende Befeiern dieses großen Schrittes auf wankenden Planken ist möglich auf der musealen **MS Heinrich Zille**, die also nicht nur zu erotischen Nachttouren aufbricht. Dies ist kein schlechter Platz für Festivitäten en gros, bis zu 250 Gäste passen auf und unter Deck. Für die Kalkulation: Eine Stunde Schiffsbenutzung wird mit rund 400 DM auf die Rechnung gesetzt. Gut doppelt soviel Geld muß berappen, wer sich den schwimmenden Untersatz des Grand Hotels Esplanade für den schönsten Tag des Lebens ausgeguckt hat. Auf dem **Hotelschiff Esplanade** geht es dafür auch entsprechend anmutig zu.

Auch auf der **Barkasse Josephine van Loon**, der Schwester des Restaurantschiffes „Van Loon" im Urbanhafen, können Brautpaare in den Hafen der Ehe steuern. Der Trauung zu Wasser können bis zu 55 geladene Gäste beiwohnen. Rund drei Stunden dauert eine Hochzeitsfahrt auf Berlins Wasserstraßen durchschnittlich, möglich ist auch eine Fahrtroute in Richtung Müggelsee. Die Barkasse kostet rund 200 DM Miete pro Stunde. Geht das Schiff vor Anker, kommen Liegegebühren hinzu (80 DM/Std.), abends und nachts noch Schleusungskosten

(60 bis 100 DM). Wer ein Hochzeits-Brunch ordert, zahlt knapp 40 DM pro Person, fürs Dinner werden um die 60 DM pro Person in Rechnung gestellt.

EROTISCHES SIGHTSEEING

Sightseeing in der eigenen Stadt kann ziemlich spannend sein. Das beweisen seit einigen Jahren mittlere und kleine Veranstalter, die nicht mehr die üblichen Sehenswürdigkeiten abgrasen, sondern ihre Touren unter ein historisches, kunstgeschichtliches oder anders spannendes Motto gestellt haben. **Nutten & Nüttchen** (siehe „Nutten & Nüttchen", S. 24) bietet im Sommer Spaziergänge mit erotischem Touch an. Beim Streifzug durch das „falsche" Scheunenviertel mit Geschichten um Blüte und Verfall des einst am dichtesten besiedelten Viertels Berlins geht es natürlich auch um „Händler, Hehler und Huren". Achtzig Jahre schwule Kultur in Berlin – von der Kaiserzeit über die wilden Zwanziger bis zu den Nationalsozialisten – werden beim Rundgang „Berlin vom anderen Ufer" beleuchtet.

Erotisch-pikant ist der Stadtteilspaziergang „Von Sinnesfreuden, Lastern und Sittlichkeit", kurz die „Hur Tour". Mittwochs wird im Sommer in unregelmäßigen Abständen für 15 DM sozusagen auf dem Strich spaziert: eineinhalb Stunden Strich-Geschichten rund um die Oranienburger Straße, von den lustvollen Zeiten um die Jahrhundertwende über das Ost-Berliner Rotlicht-Viertel bis zum heutigen Straßenstrich mit seinem Barbie-Puppen-Angebot. Die Tour steht unter der fachkundigen (Ver-)Führung der Vereinsdamen von „Nutten & Nüttchen".

Die „Hur Tour" beginnt in der Tucholskystraße mit Versen des berühmten Literaten über das horizontale Gewerbe. Nächste Station ist die Oranienburger Straße, die nach dem Fall der Mauer zum öffentlichen Strich wurde. Maxi, die charmante Führerin, verweist auf den modischen Einfluß des horizontalen Gewerbes – längst hat die normale Mode Teile der Puff- und Nuttenklamotten für tragbar erklärt. Der Rückblick ins 18. Jahrhundert: Damals war manches liberaler als heute, es gab in einigen Städten Krankenversicherungen für Huren. Manches war rigoroser, beispielsweise mußten die Nutten sich hier und da durch das Tragen ähnlicher Kleidung kennzeichnen.

Vor dem „Tacheles" befand sich in den zwanziger Jahren der geteilte Strich. Auf der einen Seite standen die Jungs, auf der anderen die Mädchen, in der Mitte die Transvestiten. Letztere hatten die polizeiliche Erlaubnis, Frauenkleider zu tragen. Reger Betrieb herrschte ebenfalls auf dem schwulen Strich von der Friedrichstraße bis zum Halleschen Tor. Um den Bahnhof Friedrichstraße herum lockten die Mädels vom Lande – eine mögliche Erklärung für den Begriff „Landplage".

Von den zwanziger Jahren bis in die frühen Dreißiger gab es in der Auguststraße das Café „Gummiknüppel", einen Treff der Halbwelt, sowie einen Puff, in dem Männer in Frauenkleidern bedienten. Ebenfalls in dieser Gegend florierte die lesbische Prostitution. Die hat es immer gegeben, war aber weit weniger bekannt, klärt Maxi auf.

Die Auguststraße gewinnt aktuell wieder an Bedeutung. Hier wurde Anfang der neunziger Jahre der „Internationale Hurentag" unter reger Beteiligung von „Nutten & Nüttchen" gefeiert. Am 2. Juni 1975 traten in Frankreich die Huren in einen Streik, um gegen den Mord an mehreren Kolleginnen zu protestieren. Die Damen besetzten eine Kirche in Lyon, und seitdem gibt es die Hurenbewegung.

August- und Tucholskystraße: Maxi gibt Einblicke in die jüdische Geschichte. Hier waren jüdische Zuhälter zugange, und in bestimmten „Carrées" war Prostitution erlaubt. Die Damen gingen hier auf „geschäftliche Spaziergänge". Andere Umschreibungen dafür waren „heimlich auf Männerfang gehen" oder „strichen gehen". Das Geld für die geleistete Arbeit trugen die Damen lieber im Strumpf als im BH, denn die Strümpfe legten sie bei der Arbeit nicht ab, daher der Begriff „Strumpfgeld".

Der erste Hof in der Auguststraße 9/10: Am Souterrainladen steht „Zur unterirdischen Tante" – kein Relikt aus dem letzten Jahrhundert, sondern eine Filmkulisse. Von einer Tante, die ein solches Haus betrieb, sang auch einst Claire Waldorff. Vorbei geht es an einem Rehabilitationszentrum für gefallene Mädchen. Maxi nennt es „Stricken statt Ficken".

In „Clärchens Ballhaus" vergnügte sich im 19. Jahrhundert ein buntes Völkchen: Huren, die Halbwelt. Bis 1933 tummelten sie sich auch in der Großen Hamburger und der Auguststraße. Maxi erzählt eine weitere Episode aus den Zwanzigern: Damals sollen es ehemalige Soldaten gewesen sein, die sich ihr täglich Brot als Zuhälter verdienten. Die „Schwarze Kitti" wartete nach dem Ersten Weltkrieg in der Stein-,

Ecke Mulackstraße auf Kundschaft. Sie und ihre Kolleginnen hatten Verkehr im „Zwölf-Minuten-Takt". Maxi zitiert zum Schluß die Worte eines leichten Mädchens: „Es ist doch schade, daß man sich zum Spazierengehen erst anziehen muß."

ROMANTISCHE PLÄTZE, HEISSE PFLASTER

Die Rose ist das Symbol der Liebe. Rosengärten sind dementsprechend die Gärten der Liebe. Für den Beginn einer Romanze also bestens geeignet: ein Spaziergang zu zweit zwischen duftenden Rosen. Tausende von ihnen blühen im Rosengarten des auch zum Flirten prädestinierten Treptower Parks. Dazu plätschert ein Springbrunnen, und die Skulpturen regen die Phantasie an. Rosenberankte Pergolen überspannen die Kieswege, die durch die Rosengärten des Britzer Gartens führen. Klein und überschaubar ist der Rosengarten in der Hasenheide – bestens kombinierbar mit den romantischen Filmen und den Konzerten in der nur wenige Schritte entfernten Freilichtbühne Hasenheide.

An der Havel darf Händchen gehalten und geknutscht werden. Während sich im Sommer tagsüber die Sonnenanbeter in den zahlreichen Badebuchten aalen, gehört der eine oder andere Quadratmeter weichen, warmen Sandes bei Dunkelheit den Liebespärchen. Ein beliebter Treffpunkt ist die kleine, versteckte Bucht südlich der Großen Steinlake. Das Rauschen des Schilfs läßt den zuweilen modrigen Duft des Wassers vergessen.

Intimitäten sind im Tiergarten, der ansonsten des Sommers ob seiner vielen Oben-ohne-Beautys ein erotisches Plätzchen ist, nach Einbruch der Dunkelheit nicht ungefährlich; dort ist schon manches Paar im Liebesrausch ausgeraubt worden. Ähnlich wie im New Yorker Central Park treiben sich auch hier des Nachts dubiose Gestalten herum.

Eine Ausnahme ist das in der Nähe des Zoos gelegene **Café am Neuen See**. Seit die Betreiber das ehemalige „Oma-Café" zu einem Biergarten umgestaltet und auch den Ruderboot-Verleih übernommen und zur Flirt- und Anbandel-Location No.1 in der City erhoben haben, kann man bis spät in die Nacht den Geliebten oder die Geliebte über den See rudern und die Äquatortaufe nachstellen.

Wenn es dann wieder soweit ist, daß der Winter Einzug in Berlin gehalten hat und die Rosengärten nur noch Dornen und Erinnerungen an verschmähte Liebe bieten, dann sind der Moschusduft und die schwüle tropische Hitze des Tropenhauses im **Botanischen Garten** die beste Alternative. Während Nebelschwaden durch die Palmenblätter ziehen, kann man Hand in Hand und geschützt vor der Kälte draußen von der Karibik träumen.

Und wenn es dann doch Rosen sein sollen, lädt der **Rote Salon** in der Volksbühne am Rosa-Luxemburg-Platz bis spät in die Nacht und mit wechselndem Programm dazu ein, gemeinsam das Leben durch die rosarote Brille zu betrachten. In unregelmäßigen Abständen finden hier zudem Veranstaltungen mit dem gewissen erotischen Touch statt.

Der Gretchen-Bummel für Jungverliebte führt im Winter unweigerlich über den **Trödel- und Kunstmarkt an der Straße des 17. Juni** – sag wie hältst Du's mit den Silbermessern von 1912? Spätestens nach dem zweiten Glas Glühwein wird auch der geizigste Partner weich, und man kann endlich das langersehnte Rosenthal-Service erstehen. Und dann wird vielleicht gemeinsames Schwelgen in Erinnerungen und die Diskussion um die Wohnungseinrichtung entscheidende Weichen der zukünftigen Beziehung stellen.

Wer nicht nur in seinen Schatz, sondern auch in die Sprache verliebt ist, der sollte sich zum Händchenhalten nach Reinickendorf aufmachen. Denn im Ortsteil Lübars – die dörfliche Idylle am Stadtrand ist eigentlich eher bekannt als Reiterdorf mit Kopfsteinpflaster – liegt die Liebe in der Luft. Warum? Ganz einfach. Der Name Lübars stammt wahrscheinlich aus dem Slawischen: „Lubasz" heißt soviel wie Liebe.

Schöne Aussichten für Verliebte. Händchenhalten soll im neuen Jahrtausend auch im Regierungsbezirk möglich sein. Auf dem Moabiter Werder entsteht bis 2003 ein Park samt breitem Uferweg entlang der Spree. Geplant sind auch „grüne Rückzugsräume". Im Schutz der Hecken läßt sich dann, sofern sie eine gewisse Höhe erreicht haben, ungestört turteln.

Eine Bank für Verliebte wurde im Jahr 1998 am Nordufer Rummelsburger Bucht auf der Halbinsel Stralau in Treptow aufgestellt – dort, wo die berühmte Hochzeitsszene des DDR-Kultfilms „Paul und Paula" spielt. Der Uferweg wurde übrigens umbenannt, in „Paul und Paula Ufer".

Jüngst war zu lesen, daß das **Prinzenbad** Berlins heißester Flirtpool sei. Das kommt nicht von ungefähr, ist doch im Eintrittspreis das Posieren und Zurschaustellen der eigenen Reize inbegriffen. Alleine das Brusthaargucken auf gut gebauten Körpern bietet Sehstoff für Stunden – ein Genuß, den Heteros und Homos teilen.

Nicht im, sondern auf dem Wasser tummeln sich die frisch Verliebten auf dem Deck der **Capt'n Schillow**. Das an der Straße des 17. Juni (am Charlottenburger Tor), genauer gesagt auf dem Landwehrkanal, vor Anker liegende Schiff erhält auf der Romantik-Skala schon ob seiner Lage ziemlich viele Punkte.

Ein sinnlicher Ort ist das **Marmorpalais im Neuen Garten** in Potsdam. Das Lustschlösschen Friedrich Wilhelms II. lockt Verliebte in seinen romantischen Park, stimuliert sie mit künstlichen Ruinen, antiken Säulen und stillen Grotten. Für prickelnde Stimmung sorgt im Palais das Gemälde einer Geliebten des Preußenkönigs, Wilhelmine Gräfin Lichtenau, mit halbentblößter Brust.

TÊTE-À-TÊTE IM TURM

Gerade wenn man frisch verliebt ist, steht es den Herren der Schöpfung gut zu Gesicht, sich ein wenig ins Zeug zu legen und der Angebeteten etwas Besonderes zu bieten. Ein romantischer Einstieg in die Nacht hat schon so manches Eis gebrochen. Anstelle des üblichen Kinobesuchs oder der normalen Kneipenverabredung hat die traute Zweisamkeit in außergewöhnlichem Ambiente ihren besonderen Reiz. So lohnt sich in lauschiger, sternenklarer Sommernacht ein romantischer Abstecher zum **Grunewaldturm**. Auf der Turmspitze ist man den Sternen zum Greifen nah. Abgerundet wird die prickelnde Zweisamkeit durch eine Flasche Champagner und Canapés, die die Restauration des Turms für knapp 200 DM dezent serviert. Grunewald und Havel zu Füßen, die Sterne über sich, der schäumende Champagner, die schöne Frau an der Seite: Da muß man nicht lange nach den richtigen Worten suchen. Und wer es ganz besonders ernst meint (auch für die Feier nach dem Ja-Wort steht der Turm zur Verfügung) oder mehr als eine Flasche Champagner ordert, läßt sich stilecht im Cadillac chauffieren.

SCHMUSEN MIT CHAUFFEUR

Wer sich bei **Classic Cars** eine Nobelkarosse mietet, der darf damit auch seinen Spaß haben. Das Unternehmen zeigt sich offen für (fast) alles. Einen Jaguar mit Chauffeur kann man ab 95 DM pro Stunde mieten, einen Rolls Royce oder Cadillac ab 155 DM.

Sich ohne Motorstärken chauffieren zu lassen ist auch möglich, z.B. in einer Rikscha mit Fahrer. Diesen Service bieten die **fahrradstation** in den Hackeschen Höfen (eine einstündige Fahrt kostet 90 DM) und **Velotaxi** (90 DM/Std., Anfahrt 30 DM/30 min).

Das romantischste Transportmittel ist und bleibt die Kutsche. Etwa eine Handvoll Unternehmer bietet dieses Fahrvergnügen an. Es muß ja auch nicht immer nur der Weg zum Traualtar sein, der auf vier schwankenden Rädern und mit einem schnaufenden Roß zurückgelegt wird. Warum sich diese Romantik-Tour nicht auch schon vor der Heirat gönnen?

Braut-Kutschen und Kremserfahrten bietet unter anderem **W. Peter** in Buckow an, ab 700 DM aufwärts kostet dieses Vergnügen. Historische Kutschen und Kremser vermietet auch der **Reitstall Stader Hof**. Das Unternehmen stellt seine Gefährte auch schon mal für Filmaufnahmen zur Verfügung. Wer sie für eine Liebestour mieten will, zahlt ab circa 1000 DM je nach Uhrzeit, Dauer und Strecke. Die Preise müssen aber generell individuell ausgehandelt werden. Kutschfahrten für alle Anlässe, also auch für die romantischen, hat **H. Grundschöttel** aus Heiligensee im Angebot. Er vermietet auch Kremser, mit denen die Fahrt etwa 10 DM pro Person und Stunde kostet.

LET'S DANCE

Tanzen war schon schon immer hocherotisch, nur sind es einige Tänze mehr als andere. Den guten alten Schieber oder auch den in Jugendzeiten so beliebten „Klammerblues" kann man fast überall tanzen – zugegeben, in einem Techno-Laden wird es schwierig –, aber für die wirklich erotischen Tänze muß man sich schon zu bestimmten Zeiten an bestimmte Plätze begeben. Aber zum Glück: Das Angebot steigt. Wie schon in den zwanziger Jahren boomt auch heute wieder der Tango in der Stadt, und auch andere südamerikanische und karibische Tänze wie Salsa und Merengue werden immer beliebter. Treffpunkte der tanzenden Szenen sind die „Ballrooms", in denen der Paartanz – das „Ballroom-Dancing" – gepflegt wird.

„Eckiges Geschiebe, garniert mit possierlichen Kreuz-, Knick- und Wiegeschritten, läppische Schrammelmelodien und höchst aberwitzige Texte, das ist der Tango, wie er hierzulande in Erscheinung tritt." So beschreibt Dieter Reichardt – in seinem Buch „Tango" – die Versuche, argentinisches Feuer und suggestive Erotik in deutschen Ballsälen nachzuempfinden. Doch seit der Tango wieder einen Platz auf den Berliner Parketts erobert hat, ist von eckigem Geschiebe nicht mehr viel zu spüren. Wer in den spezialisierten Tanzschulen Kurse belegt und fleißig übt – Gelegenheit dazu gibt es im Überfluß –, der lernt bald die komplexe Logik dieses Tanzes zu schätzen, die es einem ermöglicht, mit wenigen Grundlagen beeindruckende Schrittkombinationen zu vollführen und dabei auch noch kühle Eleganz auszustrahlen.

Der „Tango-Sommer '99" war so heiß, daß man sich im Freien traf. Im lauschigen Innenhof des **Podewil** spielte donnerstags die Elite der Tangoorchester auf. Das ganze Jahr über begeben sich Tangotänzer in die Volksbühne am Rosa-Luxemburg-Platz, denn dort wird mittwochs im **Roten Salon** und donnerstags im **Grünen Salon** getanzt. Ein echter Ballroom ist auch das **Ballhaus Walzerlinksgestrickt**, in dem neben Tango auch Salsa, Swing und Walzer getanzt wird. Tangueros merken sich den Freitag – da schiebt die Szene elegant über's Tangoparkett.

Wem Tango zu kompliziert und Wiener Walzer zu trocken ist, der landet unweigerlich bei der schwungvollen Hingabe des Salsa. Von Exil-Kubanern in New York als eine Mischung der eigenen (afrikanischen) Wurzeln mit Elementen des Jazz entwickelt, hat der Salsa seinen Siegeszug bei uns zusammen mit dem Mambo angetreten (gern erinnert man sich an den gutgebauten Patrick Swayze aus „Dirty Dancing").

Salsa ist Improvisation auf einer festen Basis, deren Verlauf ganz altmodisch der „Mann" eines Paares bestimmt. Führung ist alles, der Tanz ein Wechselspiel zwischen Anmache und Hingabe, bei dem man sehr viel von sich zeigen kann. Inzwischen out ist, Salsa im kubanischen Stil zu tanzen. Der neue Trend in Berlin heißt Salsa im „New York Style". Da Salsa mit Mojito und Margarita in einem Atemzug genannt wird, geht es bei Tanzveranstaltungen immer hoch her.

Das beste Beispiel für Einsteiger ist das „Latino-Saturday-Night-Fever" im **El Barrio** in Tiergarten. Die Tanzfläche ist gerappelt voll, getanzt wird abwechselnd Salsa und Merengue, und wie es sich gehört, wird jeder, der am Rand steht, formvollendet zum Tanzen aufgefordert. Den erotisch-lockeren Hüftschwung können Salsa-Tänzer im Schöneberger **Havanna** auf das karibische Parkett legen. Freitag und Samstag ab 22 Uhr geht es dort so richtig zur Sache.

Nach dem Cocktailschlürfen wird im Nadelstreifenanzug oder mit Federboa im **Ballhaus Walzerlinksgestrickt** geswingt. Jitterbug und Western Swing gibt es im **Grünen Salon** in der Volksbühne am Rosa-Luxemburg-Platz, wo von 20 bis 21.30 Uhr beim Workshop noch geübt werden kann (Eintritt 15 DM), bevor es ab 22 Uhr heißt: „Swingin' Ballroom", natürlich mit einer Swingband (Eintritt 15 bis 20 DM). „Hot Ballroom" heißt die Samstagabenddevise in der Tanzschule von Ele Busch, **Maxixe**. Der Übungsabend beginnt um 20.30 Uhr – neben West Coast Swing-Schritten zeigen Duke Ellingtons und Count Basies Erben auch Tango- und Salsaschritte auf dem Parkett.

Erotische Kontakthilfen

IN DER GRUPPE IST ES DOCH AM SCHÖNSTEN ...

Pärchen- und Swinger-Clubs boomen. Angelockt von etlichen Reportagen in den einschlägigen Fernsehmagazinen, möchten viele Pärchen einmal ausprobieren, wie es ist, anderen bei der Liebe zuzusehen, sich zusehen zu lassen oder auch mitzumachen. Häufig sind die Gäste aber auch Stammbesucher, die mehrmals im Monat kommen. Über Besuchermangel können die hiesigen Locations wohl nicht klagen. Verstärkt versuchen die Clubs auch, mit besonderen Veranstaltungen und freiem Eintritt Single-Frauen zum Besuch zu bewegen. Wo es einem am besten gefällt, ist natürlich in erster Linie vom Publikum abhängig.

Die Pärchen- und Single-Clubs firmieren als Treffs für tolerante Leute. Das Motto ist wohl mit „Alles kann, nichts muß sein" treffend beschrieben. Man kann sich nur mit dem eigenen Partner beschäftigen oder einfach anderen zusehen, aber natürlich auch die Partner tauschen und sich gruppenmäßig vergnügen. Die ersten Kontakte knüpft man beispielsweise an der Bar oder im Whirlpool.

Es werden Herrenüberschußpartys und erotische Nachmittage für Singles und Pärchen angeboten wie im **PC Pärchenclub e.V.**, der in einer ehemaligen Prominentenvilla in Karlshorst untergebracht ist. Manchmal gar mit Erfolgsgarantie. Natürlich ist das nicht umsonst zu haben. Vor dem Vergnügen zahlt man Eintritt – Frauen haben zumeist allerdings freien oder reduzierten Eintritt –, und die Drinks kosten extra.

Das **Zwielicht**, inzwischen mit drei Locations in der Stadt präsent, veranstaltet Pärchenpartys (auch für Singles) rund um die Uhr. Mit einem eigenen Shuttle-Service kann man sich von einem zum anderen Club chauffieren lassen. Im „Zwielicht" ist jedoch häufig ein größerer Männerüberschuß anzutreffen. Männliche Singles sind bei den Clubs oft nicht an allen Abenden zugelassen.

Bekannt für eine ausgewogene Mischung des Publikums und viele Pärchen ist **Ika's Einhorn**. Sonntags haben nur Damen und Paare Zutritt. Es gibt häufig wechselnde Veranstaltungen wie Bizarr-Shows, Piercing oder den „Bi-Tag". Für das Liebesspiel stehen Wasserbett und Liebesschaukel zur Verfügung. Paare und Damen werden abgeholt und auch wieder nach Hause gebracht .

Weitere Swinger-Clubs mit ähnlichem Angebot sind das **Triebwerk**, **Aphrodite** und **Amore**. Es gibt aber auch Party-Clubs, die auf rein privater Basis funktionieren. Fündig wird man beispielsweise per Kleinanzeige in einschlägigen Kontaktmagazinen oder in den Stadtmagazinen „tip" und „zitty". Erfolgversprechend sind auch die diversen Chat-Lines und News-Groups im Internet.

TANTRA

Ein erotischer Trend der anderen Art hat sich mit dem Tantra entwickelt. Immer häufiger begegnet man Begriffen wie „Tantrische Ganzkörpermassage", „Tantrische Körperarbeit" oder auch „Tantrische Party". So hat der „tip" inzwischen in seinem Kontaktanzeigenteil dort, wo es um nackte Tatsachen geht, bereits eine eigene Rubrik „Tantra" eingerichtet. Hierbei handelt es sich überwiegend um professionelle Liebesdienste, die ohne „cash" nicht laufen. Hier wird versucht, einen Kundenkreis anzusprechen, der ein normales Model oder Bordell nicht aufsuchen würde. Auch überproportional viele Angebote für Frauen finden sich hier, womit offensichtlich eine Marktlücke geschlossen wird.

Außerdem gibt es Angebote für tantrische Körperarbeit oder Massagen, die sich an Menschen richten, die ihre Sexualität neu entdecken wollen und nach anderen Wegen erotischer Erfahrung suchen. Jene, die sich intensiver mit Tantra beschäftigen, gehen davon aus, daß die Sexualität einer der wichtigsten, wenn nicht der wichtigste Lebensbereich ist, der die Persönlichkeit eines Menschen widerspiegelt. Sexuelle Energie ist die Lebensenergie schlechthin. Gleichzeitig glaubt man, daß viele Menschen ihre eigene Sexualität und auch die anderer nicht richtig verstehen, was dann zu Frust und sexuellen Störungen führen kann. Die tantrische Liebeslehre setzt all der Kommunikation über Sexualität, erotische Massagen und Körperarbeit entgegen: „Deine sexuelle Lust und Sinnlichkeit erlebst Du u.a. über eine Massage der Genitalien und des G-Punktes, dabei können vorhandene Blockaden gelöst werden." So ein Zitat aus einer Broschüre zu tantrischen Erfahrungsgruppen. Es geht bei Tantra also um das Geistige und das Körperliche.

Ein umfangreiches Jahresprogramm für Männer und Frauen unter dem Motto „Eros als Lebenskraft" bietet das **Institut für Lebenskunst & Tantra**. Im Angebot sind die unterschiedlichsten Seminare von Einführungswochenenden („Selbstliebe, Sinnlichkeit und Sexualität") über das Paar-Training bis zum „Tantra-Sommer-Intensive" auf Korfu.

Tantra Pärchen-Partys veranstaltet **Antinous** jeden Samstag. Die Gäste erwartet eine exklusive Atmosphäre mit Sauna, Whirlpool und Massage. Außerdem gibt es tantrische Shows und Beratung. Auch über Viagra kann man sich informieren. Institutschef und Heilpraktiker Andro hat die Wunderpille im letzten Jahr getestet und sie – laut einer Boulevardzeitung – für „toll" befunden.

SEITENSPRINGER

Die Amis sind wieder einmal die Vorreiter. Ihre neueste Partnerschaftsdevise heißt „Staying together", auch wenn die ersten heißen Liebesfeuer erloschen sind und die Beziehung in die Alltäglichkeit hinübergeglitten ist. Diese Strategie ist aber keineswegs gleichzusetzen mit ewiger Treue. Im Gegenteil, Seitensprünge, vor allem von jüngeren Amerikanerinnen, die eine glückliche Beziehung ihr eigen nennen, erfreuen sich zunehmender Beliebtheit. Studien zufolge soll dies auf jede dritte bis fünfte Frau zutreffen.

Einen Seitensprung, einen One-night-stand oder sogar eine Affäre zu erhaschen ist hierzulande kein Problem, das Nachtleben versammelt derlei Amüsierwillige zuhauf, und der Arbeitsplatz soll ja auch ein hocherotisches Pflaster sein. Steht man oder frau vor der generellen Frage, ob er oder sie sich überhaupt auf einen Seitensprung einlassen sollte, kann dies vorab getestet werden. So gab es doch tatsächlich in einer 1999er Sommerausgabe der Frauenzeitschrift „Cosmopolitain" den „Sind-Sie-affärentauglich-Test". Für die ultimative Antwort galt es, Statements wie „Ich bin recht behütet aufgewachsen", „Meine Mutter ist ein eher ängstlicher Mensch" oder „Manchmal trinke ich etwas zu viel Alkohol" zu bejahen oder zu verneinen – von einem Kommentar sei an dieser Stelle abgesehen.

Da verlasse man sich doch besser auf Reelles. So etwa auf den zeitsparenden Weg, sich ein amouröses Abenteuer zu beschaffen. Professionelle Unterstützung bieten seit einiger Zeit Seitensprungagenturen an. Die Untat zum Firmennamen gemacht hat **Seitensprung**. Die Agentur verfügt über einen vierstelligen Kundenstamm, in dem man sich „bedienen" kann, sofern man einen längeren Vertrag abschließt (ab 300 DM). Aufgrund der jeweiligen Vorstellungen versucht „Seitensprung", den oder die Richtige(n) für ein kleines Abenteuer zu finden.

NIGHTLIFE – DAS EROTISCHE GESELLSCHAFTSSPIEL

Die Aufgaben sind pikant: „Schmücke deine Brustwarzen!", „Wer in dieser Runde hat den erotischsten Körpergeruch? Schnüffel dich durch!" oder „Du darfst deine Phantasien ausleben. Demonstriere, was man alles mit einem Hosengürtel machen kann." Man kann es tun oder bleiben lassen. Verweigert man jedoch, kostet dies 1000 Dollar. Wer pleite ist, kann, statt zu zahlen, auch ein Kleidungsstück ablegen. Irgendwann hat einer der Mitspieler gewonnen. Vielleicht hat er dann nichts mehr an oder sein Intimleben völlig preisgegeben. Möglich ist alles – jedenfalls bei „Nightlife", dem „erotic game".

Erfunden hat das erotische Monopoly die Wahl-Berlinerin **Evelyn Bischoff**. Vor drei Jahren hatte die Designerin für erotische Mode die zündende Idee. Seit Ende 1994 ist „Nightlife" auf dem Markt und inzwischen so erfolgreich, daß es eine zweite Auflage gibt. Die ursprüngliche Zielgruppe sollte die Leserschaft von „Playboy" und „Penthouse" sein, gespielt wird es inzwischen von viel mehr Menschen. Das „erotic game", das übrigens zweisprachig deutsch-englisch ist, hat auch eine Anhängerschar in der Schweiz, in Österreich und in Skandinavien gefunden.

„Nightlife" ist ein Würfel- und Brettspiel mit rund 250 Fragen und Aufgaben. Jeder Spieler muß versuchen, sechs verschiedenfarbige Spielsteine zu sammeln. Um sie zu bekommen, sind sechs Stationen anzulaufen. Auf dem Weg dorthin müssen Fragen beantwortet und Aufgaben gelöst werden. Wer eine Frage nicht beantworten oder eine Aufgabe nicht lösen kann, hat die Möglichkeit, sich mit „Nightlife"-Dollars freizukaufen oder eben eines Kleidungsstücks zu entledigen.

Die Spielregeln des „erotic games" sollen eigentlich keine Regeln, sondern nur Anregungen sein. Manche Spieler lassen lockere Spielsitten zu, dann kann „Nightlife" zum geselligen Vorspiel werden. Andere nehmen das Regelwerk für bare Münze, dann wird „Nightlife" zum Hürdenlauf über Peinlichkeitsschwellen. Die Spielemacherin Bischoff hat sich deshalb entschieden, die Regeln zu vereinfachen.

Das Cover, die schlanke Grazie in High Heels, und die sinnlichen Bilder auf dem Spielbrett stammen übrigens von dem bereits vorgestellten Künstler Arpitam. Erhältlich ist „Nightlife" direkt bei Evelyn Bischoff. Bestellungen können per Telefon, Fax oder Post getätigt werden.

MULTIMEDIA – SEX IM COMPUTER

Bi für eine Nacht? Einmal die ganze S/M-Bandbreite antesten? Oder einfach mal erfolgreich baggern?

Es gibt ein Spiel für alle, die erotische Gelüste nur mal probehalber ausleben möchten. Alles ist möglich – für ein paar Stunden das Geschlecht zu wechseln ebenso wie die Nacht in verschiedenen Darkrooms zu verbringen. Der persönliche Einsatz besteht lediglich im Bedienen der Tastatur, und die Konsequenz ist höchstens Lust auf mehr.

SexpertIn ist eine Variante der bebilderten Internet-Chat-Lines. Jeder Spieler nimmt eine erotische Identität an – von softem Hetero über fetischistische Bi-Menschen bis hin zu lesbischen oder schwulen S/M-FreundInnen ist alles drin und auch variabel – und dann geht's ab in die Spielwelt. Dort gibt es andere (computergenerierte) Charaktere zum Kennenlernen, Reden, Tanzen und, wenn man's richtig anstellt, zum Sex auf die eine oder andere Weise. Fast wie im richtigen Leben. Denn auch bei „SexpertIn" sind Flops möglich. Die klingen dann zum Beispiel folgendermaßen: „Eine feuchte Bratwurst hätte sich besser angefühlt." Zur Belohnung gibt's passende Bilder und Videos und die eine oder andere erotische Geschichte.

„SexpertIn" gibt es auf CD ROM für PCs (wegen der Bilder sollte es mindestens ein 486er mit acht MB sein) für ein bis vier Spieler, bisher aber leider nur in der Demo-Version, denn noch fehlt der passende Vertriebspartner.

Schickt man den Spielemachern Stefan Merath und Rudi Freundorfer ein E-Mail, melden sie sich, sobald das Spiel im Verkauf ist.

Erotik im Internet

Auch im Internet kann sich der Erotik- und Sexfan informieren und amüsieren. Im Netz gilt: Es gibt nichts, was es nicht gibt. Der Gang in den Sex-Shop wird zukünftig überflüssig. Bei den vielen Chat-Lines kann man ungeniert seine Traumidentität annehmen und ungehindert im Cybersex surfen. So wird der Schüchternste zum tollen Hecht.

Man muß nur wissen, wie und wo. Da man ja am Anfang noch nicht so viele Internet-Adressen kennt, muß man sich zuerst auf die Suche nach einschlägigen Angeboten machen. Viele gibt es noch nicht so lange, ändern schon mal die Adresse und werden erst nach und nach aufgebaut. Insgesamt hat sich gerade an erotischen Angeboten speziell für Berlin noch nicht allzuviel getan. Überraschenderweise hält sich besonders das Heer der Sexarbeiter und Sexarbeiterinnen sehr zurück, ihre Dienstleistung im Internet zu präsentieren.

Eine gewisse Kontinuität hat inzwischen **www.lustgarten.de** erreicht. Über die Homepage gelangt man zu weiteren Seiten über kommerzielle Angebote und nichtkommerzielle Kontakte in den Bereichen Erotik, Sex, S/M-Studios, Models, Bars, Clubs, Saunen, Shops, Vereine und Termine.

Auch das Edel-Bordell „Bel Ami" – man sieht allerdings nur, daß das Etablissement mit Schwimmbad und Ledermöbeln ausgestattet ist –, das „City-Studio Bizarr", „Penthouse Rubin", „Freudenhaus Hase", „Café Pssst", „Privates Versteck" sowie etliche andere Studios und Models findet man hier. Preise und nähere Informationen werden inzwischen genannt. Insofern erfährt man hier schon etwas mehr als aus einer Zeitungsanzeige. Unter den Terminen sind beispielsweise die Fetisch-Partys im „KitKat-Club" aufgeführt, der demnächst mit eigener Seite im Netz vertreten sein wird.

In diesem Zusammenhang empfehlenswert ist auch die „Sadomasochistische Interessengemeinschaft e.V. Berlin", die ebenfalls im „Lustgarten" über sich informiert. Man findet aber auch eine Berliner

Bauchtänzerin und einen Erotik-Fotografen. Informiert wird ebenfalls über das Angebot in anderen deutschen Städten.

Vertreten ist auch „Dominique's Metroon" (**www.peitsche.de**), ein bekanntes Berliner Domina-Studio (siehe „Professionelle Dominas", „Spezialliteratur"). Auf mehreren Seiten wird bei peitsche.de ein deutschlandweites Angebot für Fetisch- und S/M-Freunde präsentiert, werden Informationen zu Partytime, Gemeinschaftserziehung und S/M angeboten.

Einen Service, der sich um Clubs, Studios, Bars, Gay, Stripperinnen und anderes dreht, baut **www.rising-sun.com** auf. Bilder gehören auch hier zur Information. Außer Berlin und weiteren deutschen Städten sind auch Clubs und Models in anderen europäischen Ländern wie Frankreich und Ungarn abrufbar. Ja, sogar der Club mit Live-Show in Las Vegas präsentiert sich hier. Allerdings beschränkt sich das Angebot bei den einzelnen Städten auch noch jeweils auf wenige Adressen.

Etwas anderes hat Berliner Lust, das „erotikARTezine" aus Berlin (**www.lusthome.de**), zu bieten. Hier gibt es Rubriken wie den Basar, in dem man Kontaktanzeigen aufgeben kann, erotische Literatur und Kunst. Auf der Seite E@K präsentieren sich Künstler von der lustvollen Seite ihres Schaffens. Von verschiedenen Künstlern können jeweils mehrere Fotos, Skulpturen oder Bilder auf den Bildschirm geholt werden. In der Cruising Area gibt es Infos zu lustvollen Veranstaltungen, und unter „Beluga" können erotische Texte aufgerufen werden.

Kunst auch bei Beate Uhse auf der Seite des Berliner „Erotik-Museums" (**www.beate-Uhse.com**). Wer unentschlossen ist, ob er das Museum besuchen soll, kann sich hier vorab kurz informieren (siehe „Erotik im Museum").

Gay Network (**www.gay-info.net**) und GayInfo (**www.gayinfo-online.de**) sowie **www.gayberlin.de** informieren die schwule Szene über Veranstaltungsorte und Termine, Partys, Special Events und Kunst. Im Darkroom kann man sich jede Menge Fotos ansehen. Auch Kleinanzeigen sind möglich, und es besteht eine Chat-Line. Kleinanzeigen aufgeben und chatten kann man auch auf der Homepage des Magazins Siegessäule (**www.siegessaeule.de**). Zudem sind Infos erhältlich über Party-Termine und Vereine sowie Verbände. Überhaupt zeigt sich die schwul-lesbische Szene auch im Internet besser informiert als die

Heteros. So präsentieren sich viele Bars und Cafés mit eigenen Homepages zielgruppengerecht im Internet, wie z.B. „Jim's" **(www.jims.de)**, der erotische Club „CC96" (**www.cc96.de**), das Restaurant „Lukiluki" (**www.lukiluki.de**) oder die „Gate Sauna" sowie die „Steam Sauna" (**www.gate.de/www.steam-sauna.de**). Natürlich fehlt auch das „Connection" (**www.Connection-berlin.com**) nicht.

LIVE-CHAT

Direkte Kontakte lassen sich über den Live-Chat der Berliner Zeitung anbahnen. Anstatt nach einer Kontaktanzeige lange auf die Resonanz zu warten, bekommt man beim Live-Chat sofort ein Feedback – oder eben auch nicht. Im Live-Chat der „Berliner" **(www.BerlinOnline.de)** wird locker über Gott und die Welt geplaudert und mitunter heftig geflirtet. Dabei erscheinen die gesendeten und empfangenen Nachrichten umgehend auf dem Bildschirm, ohne daß man jedesmal zeitraubend neu laden muß. Hier werden durchaus Telefonnummern und E-mail-Adressen ausgetauscht und Verabredungen getroffen. Man kommuniziert nicht privat, sondern alle Teilnehmer, die sich gerade im Chat befinden, können die gesendete Nachricht ebenfalls lesen. Wahrscheinlich ist das der Grund dafür, daß plumpe Anmache kaum vorkommt. Die Teilnehmerzahl schwankt jedoch stark. Manchmal ist überhaupt niemand online.

Da die „Berliner Zeitung" im übrigen Bundesgebiet nicht so verbreitet ist, trifft man im Gegensatz zu vielen anderen Chat-Lines vorzugsweise Berliner online. Die Chat-Line findet man auf der ersten Seite des Internet Angebots der „Berliner Zeitung" unter „Forum – Live-Chat".

Eine weitere Chat-Line mit vielen Berliner Teilnehmern bietet das Stadtmagazin „zitty" auf seinen Internet-Seiten an, zu finden als „zitty Café" auf der Homepage **(www.zitty.de)**.

Ständige Chat-Sessions finden in verschiedenen Foren im „StadtNet" statt. Hier können auch Leute ohne eigenen Computer mitkontakten, denn es gibt öffentliche Chat-Terminals beispielsweise im „Sage-Club" „Tresor", „Matrix", „Silberstein", in der „Akba Lounge" und der „Filmbühne am Steinplatz". Mit einem Persönlichkeitstest kann man online herausfinden, welche User zu einem passen.

Bei allen Chat-Lines muß man damit rechnen, auch mal alleine in der Leitung zu sein.

„DATE:"

Mittlerweile monatlich erscheint das Single-Magazin „DATE:", das sich zum Ziel gesetzt hat, Singles Lust statt Frust zu verschaffen. Diesem Ziel soll natürlich in erster Linie der große Kontaktanzeigenteil dienen. Nicht nur feste Partnerschaften werden gesucht, sondern auch handfeste sexuelle Kontakte jeder Art. Daneben inserieren Profis und diverse Partnervermittlungs- und Freizeitagenturen, die bis zur Vermittlung von Blind dates alles übernehmen. Das Aufgeben einer Chiffre-Anzeige kostet 5 DM, eine Foto-Anzeige im Großformat 30 DM. Natürlich gibt es „DATE:" unter der Adresse **www.date.de** auch im Internet. Neben den Anzeigen bringt der redaktionelle Teil viel Lifestyle mit einem Schuß Erotik.

Erotische Dienste

Die Jungs sind schön und stark und tun es im Adamskostüm: putzen. Nicht zu Hause in den eigenen vier Wänden, sondern bei anderen. Den Service der Nackedeis kann jeder in Anspruch nehmen, der für den Hausputz ein paar Mark mehr als üblich ausgeben will. Eine Adresse für nackte Haushaltshilfen gibt es in der Stadt: den Nacktputzservice „Romeo Cleaners". Bis vor kurzem gab es sogar noch einen nackten Klavierstimmer an der Spree, inzwischen scheint er seine Dienste eingestellt zu haben.

Erotische Phantasien bleiben beim Zuschauen nicht aus. Wer allerdings meint, mit „Adam" auf engere Tuchfühlung gehen zu können, verstößt gegen die Regeln: Angucken ist erlaubt, Anfassen und Sex sind tabu.

„Nur" Ausziehen steht bei den Strippern und Stripperinnen auf dem Programm. Sehenswert sind solche nackten Dienste allemal – schließlich stählen die attraktiven Kerle regelmäßig ihre Muskeln, und die weiblichen Ausziehpuppen haben ihre Pfunde garantiert an den richtigen Stellen. Bei ihnen müssen die Kunden allerdings in Kauf nehmen, daß sie ausschließlich etwas fürs Auge geboten bekommen, die Hausarbeit aber liegenbleibt.

Aber nicht nur Nackte tun ihre erotischen Dienste. Neuerdings vermittelt eine Agentur Drag Queens und Kings zum Aufpeppen von Privatpartys. Und für alle, die an alten Tugenden wie dem Liebesbriefschreiben festhalten wollen, sich dem aber nicht gewachsen fühlen, gibt es den modernen Cyrano, der beim Schreiben behilflich ist.

NACKT UND SAUBER

Ralf G. Knuth inszenierte in New York den Bühnenauftritt eines nackten Putzmannes. Das inspirierte ein paar pfiffige Leute zur Gründung einer Nacktputzagentur in der amerikanischen Metropole. Ralf G. Knuth nahm die Idee mit nach Europa und gründete hier in Berlin Ende 1993 die erste Nacktputzagentur **Romeo Cleaners.** Wer die Hausputzdienste mit nackten Tatsachen (auf Wunsch auch im Tanga) in Anspruch nehmen will, kann sich einen von fünf „Romeos" aussuchen – allesamt gutgebaute Jungs von der Uni, im Alter von 20 bis 26 Jahren. Gefällt davon keiner, kann man den Chef ordern, auch er putzt mit.

Eventuell übersehene Staubecken machen die unbekleideten Putzer mit ihrem Strip und der erotischen Komponente beim Putzen wieder wett. Natürlich soll das Ganze Spaß bringen. Wer zwei „Romeos" bestellt, bekommt zusätzlich den einen oder anderen Gag geboten. Auch wer nichts zu putzen hat, kann die „Romeo Cleaners" engagieren – als Partygag samt witzigen Showeinlagen und Strip. Oder als Kellner, natürlich im Natur-Look.

Geputzt haben die nackten Saubermänner bislang ebenso in Hausfrauenrunden wie auf großen Partys – der Kundenkreis besteht zur Hälfte aus Frauen. Wer sich zum „Romeo"-Kundenkreis zählen will, muß für einen zweistündigen Hausputz 100 DM auf den blankgeschrubbten Tisch legen. Bei zwei Cleanern erhöht sich der Preis auf 150 DM. Nackte Kellner oder Strip-Shows gibt es für 300 DM.

STRIPPER FOR RENT

Männliche und weibliche Stripper kann man bei der **AJO-Deutschland** buchen. Rund hundert Modelle, die man sich per Video aussuchen kann, hat der gutgebaute Agenturchef Jens Oertel im Angebot. Engagiert werden können die professionellen Sich-Auszieher/innen für die Party zu Hause, für Betriebsfeiern und ähnliche heitere Anlässe. Die pikante Strip-Einlage wird zumeist als Überraschungsgag für ein Geburtstagskind oder den Gastgeber gebucht. Weniger Sex als vielmehr eine Prise Erotik soll die Stimmung anheizen. Dafür schmeißen sich die Stripper auch in jedes gewünschte Kostüm. Als weibliche Vorführung sind Domina, Krankenschwester und Nonne besonders beliebt. Aber auch der klassische Strip im eleganten Abendkleid steht hoch im Kurs. Beim Men-Strip werden die Herren gern als Schotte oder Klempner geordert. Sehr gefragt ist auch die „Polizisten-Nummer": Es klingelt an der Tür, und ein grünberockter Ordnungshüter (sprich: ein Stripper oder eine Stripperin in Verkleidung) stürmt die Veranstaltung wegen angeblicher Ruhestörung. Statt befürchteter

Festnahme gibt es einige Ermahnungen und – natürlich – eine Entkleidungsshow. Ein Auftritt der Oertel-Stripper dauert in der Regel etwa zehn Minuten und kostet 400 DM, darin enthalten ist auch ein Erinnerungsvideo. Auch Dessous- oder Go-Go-Shows mit mehreren Girls und Boys und neuerdings Table-Dance können gebucht werden.

PARTYKNÜLLER DRAG QUEEN

Es muß ja nicht immer die nackte Nummer sein. Ein „schriller" Typ tut's auch. Wie wäre es mit einer Drag Queen für die nächste Party? Derlei exzentrische Herren-Damen vermittelt die Agentur **Superstar-Management** in Friedrichshain. Wer an einem solchen androgynen Wesen für einige Stunden Interesse hegt, der muß sich dies natürlich auch etwas kosten lassen. Um die 250 DM kostet es, wenn eine Drag Queen oder ein Drag King die Privatparty belebt.

LOVELETTERS VOM GHOSTWRITER

Im Zeitalter von Telefon und Computer mag der Liebesbrief ein Stück ins Hintertreffen geraten sein. Schade eigentlich, sind doch die mit Tinte und Feder verfaßten Zeilen auf einem – vielleicht noch mit einem Tropfen Parfüm oder einem Lippenabdruck versehenen – Stück Papier von der Geliebten oder dem Geliebten etwas Wunderbares. Vielleicht wählt ja auch der eine oder andere Romantiker eher Liebesbrief-Alternativen, weil ihm buchstäblich die richtigen Worte fehlen. Da kann geholfen werden. Als moderner Cyrano de Bergerac hat es sich Jens Rosenthal unter dem Pseudonym **Cyrano** zur Aufgabe gemacht, als von Amor bestellter Ghostwriter die passenden Liebesworte zu finden. Via Internet bietet er seine Dienste an. Das Prozedere für die Loveletters ist ganz einfach. Erst einmal kann man sich auf seiner Homepage Briefbeispiele durchlesen. Stoßen sie auf das eigene Interesse, dann füllen die Anwärter einen Fragebogen aus, in dem Cyrano einiges wissen will: Soll es ein Liebes- oder Abschiedsbrief, eine Liebesgeschichte oder ein Liebesmonolog sein? Welchen Ton soll das Ganze haben? Warum ist es denn gerade diese Frau bzw. dieser Mann? Wo hat man sich kennengelernt? Würde man die/den Auserwählte/n den Eltern vorstellen? Aufgrund dieser Infos geht der Ghostwriter anschließend daran, ein persönliches Werk zu verfassen. Natürlich ist dieser amouröse Dienst nicht umsonst, etwa 50 DM stellt er pro Seite in Rechnung – aber das sollte einem das Liebesglück schon wert sein.

GAUMENLUST – EROTISCHE LEBENSMITTEL

„Liebe geht durch den Magen, den Gaumen kitzelt die Lust", heißt es. Also ist es nur logisch, daß es Adressen gibt, die sich voll und ganz dem sinnlichen Gaumenvergnügen widmen. Das **Sugar House** in Charlottenburg ist, wie der Name schon sagt, ein Haus für süße Sachen. Roland Beyer, Inhaber und Konditormeister, nimmt den Spritzbeutel am liebsten zur Hand, wenn es um extravagante Torten und erotisches Backwerk geht. Seit elf Jahren stellt er seine Konditorkunst in den Dienst von Marzipan, Sahne und Zucker.

Das „Sugar House" ist keine Konditorei, in der süße Torten im Kühlregal stehen, sondern vielmehr eine Fotogalerie, in der am Schreibtisch die erotischen Torten geordert werden. Die Kundenwünsche sind ebenso ausgefallen wie des Konditors Werk. Einmal sollte es eine Torte mit einem Liebespaar in Aktion sein, ein anderes Mal ein Busen-Herz mit einer Marzipan-Korsage. Statt Tischkarten wurden für ein Essen auch schon Hefeteig-Penisse geordert. Die erotischen Tortenaufbauten bestehen allesamt aus Marzipan; Roland Beyer modelliert sie in Handarbeit und bemalt sie mit Lebensmittelfarben. Für eine normale Torte muß durchschnittlich mit 90 bis 110 DM gerechnet werden, größere kosten im Schnitt 150 bis 180 DM. Gegen Aufpreis wird innerhalb Berlins auch geliefert. Wer den Ausbruch seiner Leidenschaft und Gefühle mittels Süßigkeiten ausdrücken will, kann im „Sugar House" auch eine explodierende Torte in Auftag geben.

TIP

Es ist allgemein bekannt, daß Liebe durch den Magen geht. Hat man den Mann bzw. die Frau fürs Leben gefunden und will ihn oder sie vor den Traualtar schleppen, dann empfiehlt sich die Lektüre und Anwendung des Büchleins „Die Rezepte, für die man geheiratet wird" (Kabel Verlag München, 1998, 19,80 DM). Auf knapp 150 Seiten hat die Autorin Hilke Rosenboom Kochanleitungen zusammengestellt, die nicht auf eine kurze Verführung aus sind, sondern das hungrige Opfer sozusagen in die Sucht nach den eigenen Kochkünsten führen.

Das erotische Outfit

Auf den Laufstegen in Paris und Mailand steht der Körper manchmal im Mittelpunkt der Mode. Immer zentrales Thema ist der weibliche wie männliche Torso bei der erotischen Mode. Er wird betont und hervorgehoben. Manches wird verhüllt, anderes freigelegt. Gewagte Einblicke werden bewußt gewährt oder vehement verwehrt. Schwarz ist nach wie vor der farbliche Spitzenreiter. Plastik, Latex, Leder und Gummi sind die Lieblingsmaterialen der Szene, die inzwischen aber längst auch von den „Normalos" getragen werden. Auch High Heels und Stilettos mit Pfennigabsätzen von zwölf oder mehr Zentimetern sind längst „stubenfein". In der erotischen Mode hingegen waren sie natürlich noch nie out. Das mag daran liegen, daß Schuhe und Füße nach altem Volksglauben ein Fruchtbarkeitssymbol sind. Das Hineinschlüpfen der Frau in den Schuh gilt beispielsweise als Sinnbild für den Geschlechtsakt. Der erotischste Schuh am Bein des Mannes müßte eigentlich der Stiefel sein. Das Ausziehen desselben kann ein Zweier-Akt sein, oder man behilft sich mit einem Stiefelknecht, der nicht ohne Grund den Beinamen „working woman" trägt.

Wer auf S/M oder Fetisch steht, lebt nicht gerade sparsam. Leder, Latex und auch Lack gehören zu den ziemlich teuren Materialien – immerhin sind sie nicht ganz einfach zu verarbeiten. Es muß zwar nicht gleich Designerware sein, doch auch für eine Grundausstattung muß man oder frau ganz schön tief in die Tasche greifen. Für Fetisch-Kleidung gilt: Sie muß nicht nur gut sitzen, sondern auch belastbar sein, sonst hat man keinen Spaß daran. Ein Designerkleid aus Latex kostet um die 1000 DM, Hosen um die 300 DM, Korsagen 250 bis 800 DM. Lack ist etwas preiswerter. Immerhin sind die guten Stücke zeitlos. Wenn man sich also für ein teures Modell entscheidet, kann man es lange tragen – vorausgesetzt, man hält die Figur und pflegt das Material richtig.

Auch wenn die normalen Boutiquen und Modehäuser immer wieder das eine oder andere erotische Requisit im Regal haben – in der Angebotsfülle sind sie den Berliner Spezialisten, die alles nur Erdenkliche führen, natürlich weit unterlegen. Wer für Partys und spezielle Events das entsprechende Outfit sucht – bei zahlreichen Partys sind Alltagsklamotten strikt verboten –, der ist bei den Fachgeschäften, der „Schwarzen Mode" in Schöneberg oder bei „hautnah" in Wilmersdorf beispielsweise, genau an der richtigen Adresse.

Natürlich muß nicht jedes erotische Nichts aus Gummi sein. In der Wäschemode hat sich in den letzten Jahren einiges getan. Spitze, Bügel und Miederstäbe formen aus wenig viel und aus viel wenig, heben hoch oder lassen natürlichen Kurven ihren Lauf. Wer zum ersten Mal Strapse oder eine Korsage anlegen oder einfach mal ausprobieren will, wie sich derartiges trägt, muß dafür keineswegs einen Sex-Shop aufsuchen, in dessen Auslage ohnehin nur Polyamid-Variationen in Schwarz, Weiß und Rot hängen. Dessous-Shops führen nicht nur schöne Stücke für den gehobenen Alltagsbedarf, sondern auch noch aufregendere Wäsche aus Seide, Satin und teurer Spitze in vielen Farben, Formen und Mustern.

Ganz billig sind die richtig edlen Stücke natürlich nicht. Allerdings lohnt es sich manchmal, auch für wenig Stoff etwas tiefer ins Portemonnaie zu greifen, beispielsweise für Strumpfhalter. Schnäppchen für 9,95 DM sind bei weiter Kleidung in Ordnung. Wird der Halter jedoch unter engeren Kleidern, Röcken oder Hosen angelegt, tragen schlecht gearbeitete Strapse schnell auf. Außerdem sind bei den Billig-Modellen die Verschlüsse, an die die Strümpfe geknüpft werden, miserabel. Wer auf Nummer sicher gehen will, sollte außerdem (vor allem bei kurzen Röcken) halterlose Strümpfe nehmen – so kann das ganze nicht rutschen. Noch eines: Slips sollte man am besten über den Strapsen tragen, das erleichtert den Gang zum stillen Örtchen.

LACK UND MIEDER

Das Geschäft in der Schöneberger Grunewaldstraße besteht aus zwei Räumen. Wohin das Auge blickt, hängen hier Kleidungsstücke, die das Herz jedes S/M-lers und Fetischisten erfreuen: auf Stangen, an den Wänden, in und hinter den Ecken. Die vorherrschende Modefarbe ist – wie sollte es anders sein – zeitlos Schwarz.

Wie die meisten Szene-Shops vertreibt **Schwarze Mode** Leder, Latex und Lack, aber auch Dessous und Korsagen aus Textilien. Bondage-Utensilien und Toys ergänzen das Angebot. Man findet Masken, Peitschen, Fesseln, Halsbänder und High Heels.

Bei der „Schwarzen Mode" nimmt man sich Zeit für jeden Kunden, gerade für den etwas unsicheren. Jeder ist hier willkommen. Die Spezialität des Hauses ist eine eigene Latexproduktion. Das Material wird geklebt und nicht wie bei der billigeren Stangenware getaucht. Der Stil des Hauses, wie sollte es anders sein: klassisch-erotisch.

Fashion for Obsession: Von glatter, quietschender und schwarzer Fetisch-Mode besessen zeigt sich **hautnah** in der Charlottenburger Uhlandstraße. Hier wird Exzentrisches auf drei Etagen geboten: im Parterre alles aus Gummi, Latex und Leder, Miedergürtel und Korsetts auch aus Satin. Einen Hauch Gummikleidchen gibt es schon ab 120 DM. Wer mehr Gummi auf der Haut spüren will, muß noch etwas drauflegen – der Preis richtet sich nach der Gummistärke.

Oben in der Ladengalerie befindet sich die Verkaufsausstellung mit Regenmänteln – entweder traditionell englisch oder aus Lack und Gummi –, Schuhen, Stiefeln und High Heels (bis Größe 46). Die niedrigsten Pfennigabsätze sind zehn Zentimeter hoch. Der Fetisch-Geschmack ist auch hier recht konservativ. Die Stilettos sind zumeist schwarz, einige sind rot. Auch wenn die Schuhmode die Plateausohlen wiederentdeckt hat, bleibt im Fetischbereich der Stöckelabsatz an erster Stelle. Mut beweisen hier nur die Frauen; sie tragen die vielen Zentimeter auch gerne als Blockabsatz. Die Herren hingegen wollen nach wie vor auf vierzehn Zentimeter hohen Absätzen möglichst im Pfennigdurchmesser tippeln. Liebestöter sind in der Abteilung Herrenunterwäsche nicht zu finden, dafür aber Anmachendes aus Stretch und Lack. Die Lackjeans ist auch außerhalb der Szene ein Renner.

Unten im Basement ist das komplette Sortiment für S/M versammelt: Catsuits, Masken, Dessous, Gummihandschuhe (40 DM) und Strümpfe. An der Wand hängen Peitschen und Fesseln, in der Vitrine liegen die Sex-Toys. Das Luxusmodell ist hier der versilberte Kugelstab für rund 500 DM. Wer nach dem „untragbaren Rollkragenpullover" verlangt, wird mit Ledergeschirr (Lederharness) ab 200 DM versorgt. Knebel sind für 150 DM zu haben, Brustklammern mit und ohne Gewichte für rund 35 DM. Außerdem im Angebot: Piercingringe (40 DM), Handschellen (50 DM), Schaukeln (700 DM) und Keuschheitsgürtel. Das Modell für den Mann kostet 230 DM, für die Frau ist es einen Hunderter preiswerter.

Nicht jeder, der hier kauft, muß einen Fetisch haben. Die bizarre Mode aus England, Holland und den USA ist auch bestens fürs „Normalo"-Nachtleben tauglich. Für den täglichen Einkauf gut geeignet ist beispielsweise die stachelnoppige Gürteltasche aus rotem oder schwarzem Leder (um die 50 DM). Für einen Hunderter mehr gibt es den passenden Rucksack. Erfrischend kühl sind die Slips, die nur aus silbernen Perlenketten bestehen (um 185 DM), oder der freizügige Höschengürtel mit rar gesäten Gummibändern.

„hautnah" ist auch eine Partyadresse. Anfang der Neunziger veranstaltete der Laden die ersten Fetisch- und Fantasy-Partys für die damals noch kleine S/M- und Fetischgemeinde. Die letzten Jahre wurde regelmäßig im „Bunker" gefeiert – anfangs nur für Insider zugänglich, später jedoch auch für die auf den Modezug Fetisch Aufgesprungenen. Die Partys sind in erster Linie Disco, Treff und Bar bei House, softem Techno und Oldies. Natürlich gibt es auch jede Menge, teilweise als S/M-Studios eingerichtete Nebenräume. Offizielle Großveranstaltungen mit 400 bis 500 Gästen gibt es im „Bunker" inzwischen nicht mehr. Das „hautnah"-Partyleben soll aber fortgesetzt werden. Derzeit ist man auf der Suche nach geeigneten Räumlichkeiten. Wenn die gefunden sind, werden die Termine in den Stadtmagazinen „tip" und „zitty" im S/M-Magazin „Twilight" oder direkt bei „hautnah" angekündigt.

Die Latexmanufaktur **Black Style** in Prenzlauer Berg ist Ladengeschäft, Atelier-Werkstatt und Versandhandel in einem. Seit Mitte 1992 wird von dem Latexdesigner Thomas Bischoff und seinem Partner ausschließlich Latexmode für Männer und Frauen angefertigt. Wer nicht im Laden kauft, bestellt über den achtzigseitigen Katalog, der inzwischen sogar weltweit angefordert wird. Außerdem beliefert „Black Style" Boutiquen, Vertriebsorganisationen und Privatkunden. Im großen Ladengeschäft stapeln sich die Latexteilchen, von Korsagen bis zum Outfit, und das Zubehör für Gummifetischisten, wie zum Beispiel Schlafsäcke und Bettwäsche. Sogar Fesseln für Bondage-Exzesse bestehen aus Latex.

Rund 200 Modelle hat „Black Style" im Angebot, und regelmäßig können sich die Kunden über Neuheiten freuen. Natürlich ist das meiste schwarz, gelegentlich gibt es aber auch Teile in Metallic- oder fluoreszierenden Farben. Neben der Stangenware wird auch auf Maß geschneidert und geklebt (alles in Handarbeit). Ein T-Shirt-Kleid mit Reißverschluß im Rücken von der Stange kostet knapp 150 DM, ein Minirock knapp 80 DM. Die Latexjeans für Männer ist für rund 360 DM erhältlich, die Chaps für etwa 280 DM. Das Standard-Trägerhemd kostet 99 DM, der Ganzanzug ab 470 DM. Alle Modelle sind normalerweise in den Größen XS, S, M, L und XL lieferbar. Maßanfertigungen ohne Extras kosten rund zwanzig Prozent mehr als die Konfektionsware. Auch an Sex-Toys und Accessoires bietet „Black Style" allerhand. Es gibt Penis- und Vaginapeitschen (um 50 DM), aufblasbare Augenbinden (knapp 40 DM), das Hodenpräservativ mit Schlauch (19 DM) oder den aufblasbaren Riesendildo für 79 DM (der ist dafür aber auch 36 Zentimeter lang!). Das neue Angebot von „Black Style" heißt online shoppen. Unter „www.blackstyle.de" erwartet die Kundschaft ein umfangreiches Mailorder-Sortiment.

Gummi, Lack, Latex und Leder führt auch **Exciting** in Kreuzberg. Der Souterrain-Store bedient seit gut fünf Jahren die Szene. Mit dem Besitzerwechsel, neue Inhaberin ist Irena Jansen, wurden auch Angebot und Öffnungszeiten (bis Mitternacht!) erweitert. Zwar stockte man den Bestand in Sachen High Heels zurück, dafür aber kann sich die Kundschaft über einen größeren Boutiquebereich und eine kleine Bibliothek mit Magazinen, Sachbüchern, Bondage- und S/M-Literatur sowie Comics freuen. In der Videothek können auch hausgemachte S/M-, Bondage- und Disziplinierungsfilme ausgeliehen werden. Bei den Klamotten wird nicht nur der extreme Szenegänger bedient, wenn er hier natürlich auch alles findet, was er braucht: vom Teppichklopfer über die weiße Schürze mit rotem Kreuz für den Klinikbereich bis zu Brustklammern für Naßspiele. Doch auch „Normalos" können sich hier mit dem richtigen Outfit für die nächste Party ausstatten – und das nicht nur in dominantem Rot und Schwarz, sondern ebenso in 32 anderen Farben. Stark vertreten ist der „Fantasy-Look": Piratenhemden in rosé, blau und gelb oder lange Abendkleider aus Samt für jede Gelegenheit. Dazu gibt es das passend-witzige Zubehör wie Wasserspritzpistolen für die Wodka-Schlacht, Hand- und Fußfesseln im Tiger-Leoparden-Look, Körperschmuck (es wird auch gepierct) oder das Latexkleidchen, das an Ort und Stelle aufgemalt wird. Erfreulich die

Preispolitik des Shops: Es gibt viel Erschwingliches, so daß „Einsteiger" nicht sofort ein Vermögen ausgeben müssen, nur weil sie einmal auf eine Fetisch-Party gehen wollen. Apropos Nightlife: Tips, wo etwas los ist, geben Irena Jansen und ihr Mann Jens gratis dazu.

Holger Neuber ist Autodidakt in Sachen Leder – ein ziemlich guter. Seit nunmehr acht Jahren arbeitet er mit diesem Material, das „irgendwie" seiner Person „entspricht". Vor zweieinhalb Jahren hat die Passion in seinem Geschäft mit integrierter Schneiderwerkstatt einen professionellen Rahmen erhalten. Bei **Leathers** baumelt hinter Kettenvorhängen so einiges, was die Nachbarschaft irritieren könnte, wie Cockringe, Halsbänder, Handfesseln, Harnesse und Fotos nackter männlicher Tatsachen. Doch Holger Neuber präsentiert sein Geschäft so offen – zudem sitzt auch seine Mutter hinter dem Verkaufstresen –, daß auch schon mal die alte Dame aus dem Nachbarhaus ihn bittet, ihr Lederportemonnaie zu reparieren oder der Student von Gegenüber seinen Rucksack zur Reparatur vorbeibringt. Das Hauptgeschäft des 33jährigen aber liegt bei ledernen Maßanfertigungen. „Die sind bei mir zwar teurer als Klamotten von der Stange, dafür aber auch viel besser", meint er gelassen. Dafür kann er die meisten Sonderwünsche seines hauptsächlich schwulen Publikums erfüllen. Seine Aufgabe ist es, die Phantasien der Kunden ins Leder umzusetzen. Lederhosen (ab 750 DM) näht er von der normalen 501-Form bis hin zu Beinkleidern mit allerlei Extravaganzen wie Klappen oder Reißverschlüssen durch den gesamten Schritt. Dabei – und vor allem im Bondagebereich – kommt es neben gutem Aussehen besonders auf die Funktion an. „Nieten müssen z.B. fest genug angebracht sein, und Handfesseln dürfen dem Träger nicht die Haut einschnüren", sagt der Lederschneider, der derlei Accessoires mit besonderer Sorgfalt verarbeitet. Umgekehrt ist sein Ansatz bei den aufwendig zu produzierenden Zwangsjacken (ab 1000 DM), die natürlich ihre Funktion erfüllen müssen, oft aber einem Sack ähneln. Daß der Träger einer solchen Jacke damit aber auch eine gute Figur machen kann, beweisen die Stücke von Holger Neuber.

Wer sich im Schöneberger Studio „B 52" piercen ließ, kennt **Mariette Hendriks**. Bauchnäbel, Augenbrauen oder andere Körperstellen zu durchstechen und mit kleinen Metallstücken zu zieren ist eine Aufgabe, der sich die Holländerin verschrieben hat. Die andere: Seit 1993 näht, besser gesagt, klebt sie Latexklamotten und zwar von der Unterhose bis zum langen Kleid. Die gelernte Schneiderin bedient damit jedoch nicht die S/M-Szene, sondern das bunte Völkchen der Partyschwärmer. So dominieren denn auch keineswegs die Farben Schwarz und Rot. Die Gummiteilchen, die wie eine zweite Haut sitzen und den oder die Trägerin auch ganz schön ins Schwitzen bringen können, sind keine reine Frauensache. Mann wird von ihr genauso eng verhüllt. Nicht alles besteht zu hundert Prozent aus Latex; die Designerin schätzt den Materialmix, etwa mit Leoparden- oder Transparentstoffen. Derzeit plant sie, einen eigenen Laden in Berlin zu eröffnen, wo oder ab wann steht jedoch noch nicht fest. Bislang kann man ihre Latexmode in einigen Geschäften in und außerhalb von Berlin kaufen, etwa bei „Black Rose" in Prenzlauer Berg (Danziger Str. 25) oder in Hamburg, Paderborn und einigen holländischen Städten. Wer nach einer individuellen Lösung sucht, läßt sich das Gummistück direkt von ihr auf den Leib arbeiten – für 70 und 2000 DM gehört einem ein echtes Hendriks-Latexstück.

DER LATEX-MANN

Ein Maßschneider ist Michael Schermons nicht, wohl aber ein „Maßmaler". Denn statt die Damenwelt mit edlen Stoffen zu benähen, streicht er ihnen die Kleider lieber mit flüssigem Latex direkt auf den Körper. Diese Methode hat er nicht irgendwo abgekupfert, sondern ist seine eigene Erfindung.

Schon während seines Modedesign-Studiums an der Berliner Hochschule der Künste (HdK) machte er mit Latex erste Versuche. 1991 machte er sein Diplom und arbeitete danach in der Konfektion. Nicht lange, dann gründete er sein eigenes Label: **XUR by Michael Schermons**. Seitdem experimentiert der erste „Liquid-latex-Couturier", wie er sich selbst nennt, in seiner Kreuzberger Wohnung weiter mit der flüssigen Latexmilch und macht daraus Klamotten.

Schermons arbeitet ohne Schnitt und ohne Nähmaschine; die Gummiflüssigkeit kauft er literweise im Großhandel. Seine Entwürfe für die maßgeschneiderte Leibwäsche malt er direkt auf den Körper der Kundin. Zuvor wird sie mit einem speziellen Öl eingestrichen. Soll's ein Kleidchen werden, bekommt sie noch einen Gummirock übergezogen (um über die Beine malen zu können). Außerdem wird der Reißverschluß auf den Körper „geklebt". Die Latexmilch hat Zimmertemperatur, kann auf Wunsch aber auch erwärmt werden. Mit kleinen Schaumgummischwämmchen malt Schermons sozusagen die Form aus. Die ersten drei Schichten der eigentlich gelblichen Milch hat er weiß gefärbt. Die erste deckt noch nicht richtig; mit der zweiten „stopft" er Löcher. Es folgt eine dritte, der sich zwei Farbschichten (mit Farbpulverpigmenten) anschließen. Jede Schicht wird trockengefönt. Das Ganze dauert gut zwei Stunden, je nach Verarbeitung und Schichtmenge auch länger. Die Kundin muß dabei die ganze Zeit stehen. Für ein Minikleid benötigt Schermons etwa einen Liter Latex, das Kleidchen wiegt dann – ohne Reißer – rund 600 Gramm. Kostenpunkt: um die 500 DM. Oberteile nach Maß kosten ab 200 DM. Fertige Latexoberteile Marke „XUR" gibt es auch bei „Groopie Deluxe" in Schöneberg (Goltzstr. 39).

Der Farb- und Musterwahl sind keine Grenzen gesetzt. Ob uni oder bunt – es geht (fast) alles. Besonders für Nachtschwärmer geeignet ist der Mustermix mit Schwarzlichtfarbe. Aus einem recht farblosen Kleid wird im ultravioletten Schein ein leuchtender Fummel.

Auch wenn es nicht so aussieht, die „XUR"-Teilchen können einige Male getragen werden. Sie sind allerdings nichts für Kontaktscheue. Denn die Trägerin oder der Träger eines „XUR"-Modells wird schon des öfteren „betatscht".

Häufig ist der Latex-Mann mit seinen Performances zu sehen. Ob auf (Mode)Messen, Eröffnungsgalas, in Clubs, fahrenden S-Bahnen, auf dem Drei-Meter-Brett im Sport- und Erholungszentrum (SEZ) oder auf Festivals: Überall bestreicht er seine Modells mit Latex.

WENN DIE HÜLLEN FALLEN

Kundenservice ist das A und O. Davon ist Martina Ramisch, die Inhaberin des Dessous-Shops **Diva** in der Wilmersdorfer Knesebeckstraße, überzeugt. Ist ein Wäscheteil einmal nicht vorrätig, wird es bestellt, ohne daß die Kundin die „Diva"-Frauen darauf extra hinweisen muß. Rund fünfzehn Firmen aus Italien, Frankreich und Spanien führt der gutsortierte Wäsche- und Bademodenausstatter, unter anderem die schönen Dessous von Ravage, Aubade, André Sardá, lejaby, Marie Jo und Valery. Eine Sünde wert sind auch die Bodys von Anti Flirt, die eher „Über-" denn Unterwäsche sind.

„Diva" hat sich auch auf Halbschalen spezialisiert, und immer gibt es zum BH den passenden String. Wer noch glaubt, daß bei den Push ups derzeit die in die Mitte gedrückten Brüste mit tiefem Dekolleté das modische Muß sind, wird von Martina Ramisch eines aktuelleren Trends belehrt: noch höher im Kurs steht derzeit die „Balconet"-Form (sie hebt die Brust „balkonförmig" nach oben). Neben den teuren Marken, bei denen 500 DM für einen Zweiteiler keine Seltenheit sind, bietet „Diva" auch Preiswerteres an, z.B. Ensembles für 200 DM.

les dessous gibt es zweimal, in der Wilmersdorfer Fasanenstraße und in der Schlüterstraße in Charlottenburg. Im Wilmersdorfer Geschäft setzt Tilla Hendriksen seit 16 Jahren auf hochwertige und exklusive Lingerie. Das Angebot in der Schlüterstraße variiert ein wenig; dort sind auch die etwas preisgünstigeren Luxusleibchen zu finden.

Das Ambiente des großzügigen Ladens in der Fasanenstraße – Holz, Acryl, grauer Teppich – macht Lust auf die verführerischen Dessous. Hier sind die edlen Stücke der Italienerin Flora Lastraioli (vor allem Negligés von 500 bis 2000 DM) ebenso zu haben wie jene die von La Perla und den etwas preiswerteren La Perla-Labeln Malizia, Marvel und Joelle sowie Wäsche von Capucine und Ravage. Frau findet hier auch eine Auswahl an Torselets (die nur den Körper, nicht die Brust bedecken) und Corselets (reichen über die Brust; um 600 DM). An Körbchengrößen gibt es B, C und D. Im „les dessous"-eigenen Atelier werden auch Sonderwünsche erfüllt.

Ein schönes Wäschegeschäft ist **Nouvelle** in der Bleibtreustraße, das mit zwanzig Jahren wohl eines der ältesten in der Stadt ist. In der mittleren und gehobenen Preisklasse bietet Angelika Engel in ihrem langen, schmalen Verkaufsraum Nacht- und Unterwäsche, Bettwäsche und natürlich Dessous sowie die Nachtleibchen, von u.a. französischen und italienischen Markenfirmen. Frauen mit den gängigen Körbchengrößen A bis D werden hier fündig. Während der Wintersaison bietet „Nouvelle" Schönes zum Drunterziehen in Flaschengrün, Dunkelblau, Marine, Anthrazit und Dunkelbraun. Im Frühjahr und Sommer dominieren Pastellfarben. Ganzjährig im Trend liegt Wäsche in der Farbe Champagner. Dem aktuellen Trend folgend, findet frau bei „Nouvelle" auch vieles im schlichten, puristischen Stil. Unverzichtbar für die kommende(n) Saison(s) sind die nahtlosen BHs und Bodys, die sich wie eine zweite Haut unter enge Oberteile schmiegen.

Ein recht junges Geschäft ist die **Corseterie** in der Wilmersdorfer Uhlandstraße, die 1996 eröffnet wurde. Da die Inhaberin Ingrid Gadischke aber schon seit Jahren in der Wäschebranche arbeitet, kennt sie die Bedürfnisse nur zu gut. Sie bietet ihren Kundinnen zwischen weißen Säulen und grau-weiß-schwarzen Marmortischen vor allem Dessous aus Seide und Baumwolle und die erotisch-edlen Teile von Ravage (der französischen Antwort auf die italienische Nobelmarke La Perla) aus Microfaser an. Rund zwanzig Firmen führt sie, vor allem französische, italienische und deutsche. Eigentlich ist für jeden Geldbeutel etwas im Angebot. Baumwollbodys sind schon für weit unter 100 DM zu haben, der teuerste BH kostet um 250 DM. Teuer, aber wunderschön sind die Ensembles (BH und String) von Ravage; über 300 DM müssen dafür allerdings bezahlt werden. Breit ist die Palette der Körbchengrößen, sie reicht von 70 A bis 90 DD. Um dem Firmennamen gerecht zu werden, führt Ingrid Gadischke auch eine exklusive Auswahl an schönen Korsagen. Die Pariser Modelle aus Samt und Rohseide (um 600 DM) kommen auch als normale Oberteile voll zur Geltung.

Jutta Teschner hat die Koffer gepackt und siedelt, wie so viele, nach Mitte um. Ab Herbst '99 residiert die Diplom-Modedesignerin mit ihrem Dessous-Shop **fishbelly** in den Hackeschen Höfen, gegenüber vom Sophien-Club. Ein avantgardistisches, zwischen Stahl und Barock balancierendes Ladendesign plant die Inhaberin, als besondere Kleiderpuppen sollen auf Schwertern ruhende, beleuchtete Torsen fungieren. Was davon Realität wird, bleibt abzuwarten. Als gesichert darf jedoch – wie bisher – das ausgefallene Angebot gelten. Jutta Teschner, die „fishbelly" vor drei Jahren mit der Idee von „sexy wear for sexy woman" eröffnete, hat sich mehr den Dessous für ein junges, vornehmlich weibliches Publikum zugewandt und wählt danach aus, was ihr selber gefällt. „Spitzenbombern" hat sie weiterhin den Kampf angesagt. Statt dessen bietet sie wunderschöne Teilchen an, einiges exklusiv in Berlin. Besonders italienischen Dessous hat sie sich derzeit angenommen, etwa den Stücken von Alessandro Dell-Acqua Intimo. Auch bekannte Marken wie Dolce & Gabbana oder Kenzo vertreibt sie; ab Sommer 1999 soll einiges aus der Frauenkollektion von Moschino dazukommen. Auch die Gradwanderung bei der stilvollen Erotik gelingt ihr bestens. Beim verführerischen Nichts für gewisse

Stunden führt sie beispielsweise die bestechende Wäsche von „Undressed by Marlies Dekkers". Den Blick auf den Geldbeutel ihrer Kunden läßt sie dabei nicht außer acht. Es beginnt in der Kategorie preiswert – der günstigste Slip ist für 30 DM zu haben – und endet im „durchaus Bezahlbaren" bei den Schnürmiedern von Axfords für 400 bis 500 DM.

Liebhaber und Liebhaberinnen von Wespentaillen können zwar nicht aufatmen, dazu sind Mieder nicht leger genug, doch bei **Casanova Dessous** können sie ebendiese erwerben – wenn die Auswahl auch geringer ist als früher. Aufgestockt wurde dafür die Wäsche, sowohl für Frauen als auch für Männer. Das Geschäft in Prenzlauer Berg führt jedoch immer noch ein kleines Sortiment figurformender Teilchen aus Satin, Samt und Jacquard, in Schwarz, Weiß oder farbig, klassisch oder modern, mit Schnürung oder Häkchenleiste. Die Taillenmieder (ab 230 DM) verringern den Taillenumfang immerhin um ein Drittel. Wer komplette Outfits mag, kann Strapshalter anknüpfen und einen passenden Strumpf dazu wählen.

Ein wenig ungewöhnlich finden es manche Kundinnen schon, daß mit Inhaber Marco Eschler ein Mann in Sachen weiblicher Unterwäsche berät, aber viele schätzen auch die männliche Sicht der Dinge. Immerhin betreibt er sein Geschäft schon seit 1990, und die meisten kennen seinen guten Geschmack. Passend zu den Miedern (bis zu 600 DM) bietet er ausgefallene Wäschestücke aus deutscher und französischer Fabrikation an. Zu den BHs (Größe 70 A bis 90 D) gibt es grundsätzlich die zugehörigen Tangas und Strapse. Die Herren der Schöpfung hüllt „Casanova" in Bodys, Slips, Tangas und Shortys.

Seit einem Jahrzehnt kleidet Daniela Piehler den männlichen Körper ein. **Manstore** in der Uhlandpassage bietet dem modischen Mann fürs Untendrunter ein breites Sortiment italienischer, französischer, Schweizer und amerikanischer Mode, darunter bekannte Namen wie Armani, Cerrutti, Moschino, Versace, Dolce und Gabbana, Valentino sowie die Schweizer Firma Hanro, die für ihre feinen Baumwollqualitäten bekannt ist. Bodys in allen Variationen kosten zwischen 70 und 200 DM. Strings sind zwischen 25 und 70 DM teuer; aus Seide sind sie für 60 bis 70 DM erhältlich. Von Versace gibt es ein kleines Höschen, das hinten offen ist (um 85 DM). Den silbernen String-Body tragen wahrscheinlich nur mutige Mannen (95 DM).

Ein Tip noch für die Männer. Das erotischste Outfit hilft wenig, wenn die Ausstrahlung nicht stimmt. Dagegen aber ist ein Kraut gewachsen. Wer wissen will, wie er auf Frauen wirkt, verabredet sich mit Gönke Petersen. Die Sozialpädagogin hat es sich zur Aufgabe gemacht, Männern beim Date in einem Café oder Restaurant zu sagen, wie sie „rüberkommen" und ihr Flirtgehabe kritisch unter die weibliche Lupe zu nehmen. Natürlich ist diese Dienstleistung des „wohlwollenden weiblichen Coaches" (so ihre Eigenwerbung) nicht umsonst. Rund 200 DM Honorar verlangt sie für ihr „ehrliches Feedback".

GOLD UND SILBER FÜR DIE SINNE

Bereits in den achtziger Jahren machte sich der Designer **Biank Rodalquilar** mit seinem außergewöhnlichen Dekolleté- und Körperschmuck einen Namen. Im Laufe der folgenden Jahre entstand unter dem Label „birotic" eine ideenreiche Kollektion: edle Liebesspielobjekte aus Silber, Gold und Edelsteinen, die die Schmuckwelt einen Hauch prickelnder machen. So kann sein Charlottenburger Geschäft eher als ein „Tempel der Sinne" denn eine normale Verkaufsadresse bezeichnet werden. Geschaffen sind Bianks handgefertigte und sinnliche Schöpfungen, die sich wohltuend von den üblichen Sex-Toys abheben, für „Menschen mit Sinn für eine kreative runde Erotik" und für ein „lustvolles Umgehen mit sich selbst und dem Liebespartner".

Beim Klassiker, dem aufwendig gearbeiteten Dekolletéschmuck (ab 1200 DM), umschlingen Fuchsschwanzketten den gesamten Oberkörper – ein hautnahes Erlebnis für die Trägerin. Sichtbar ist, je nach Kleidungsstück, immer nur ein Teil des fesselnden Schmucks: zumeist im Dekolleté oder Rückenausschnitt. Dazu passend gibt es inzwischen „Dessous in Silber und Gold", wunderschöne Schmucktangas ab 480 DM. Als reizvolle Ergänzung zu den Ganzkörperkreationen empfiehlt Biank Brustnippelschilde (Stück ab 100 DM).

Weniger für die Öffentlichkeit denn fürs privat-verborgene Vergnügen sind die Geishakugeln (ab 480 DM) gedacht. Das in erster Linie autoerotische Frauenspielzeug ist ebenfalls zum paarigen Liebesspiel geeignet: Zwei große, mit einer Silberkette verbundenen, Kugeln erzeugen durch innen rotierende, schwere Kugeln ein stimulierendes vaginales Vibrieren.

Mit seinem Kugelstab hat Biank einerseits eine Kleinplastik, andererseits ein weiteres Verwöhnobjekt für die weiblichen Sinne entwickelt. Der „Zauberstab" (ab 190 DM in Marmor, ab 480 DM in Silber), aus sechs aneinandergelöteten, hochglanzpolierten Silberkugeln bestehend, potenziert das normale Dildogefühl um ein Vielfaches.

In der Kollektion des Schmuckdesigners finden sich auch die eigens entwickelte Labienspange (340 DM), das Bauchtanzteil mit direkter Klitorisstimulation (2400 DM), der auch als Keuschheitsgürtel bekannte vaginal abschließbare Tanga (2300 DM) und einige Analobjekte. Auch beim Piercingschmuck, normalerweise Ringe und Stäbchen, gibt es ausgefallene Einzelanfertigungen in Gold und Platin (ab 260 DM). Männer erhalten Hodenringe mit Onyxschlußkugel (440 DM), Penisbasisringe (150 DM) und Cockringe (ab 480 DM) – alles aus massivem Sterlingsilber.

Nur einen Teil des Jahres trifft man Biank persönlich in der Schlüterstraße 54 an. Häufig weilt er im andalusischen Casa Biank mit angeschlossener Galerie und Werkstatt, das er mit seiner Frau führt. Dort kann man übrigens auch selber wohnen, Biank vermietet Appartements und bietet verschiedene Seminare an. Die Monate Mai und Juni, September und Oktober sind dabei jedoch primär für Paare reserviert.

Ist es möglich, Wünsche und Geheimnisse gleichzeitig zu verbergen und zu offenbaren? Wer einen Ring von Schmuckdesigner und Goldschmied **Michael Lade** trägt, tut genau dies. Auf den ersten Blick ist der „Sinnliche Kniefall" ein wunderschöner goldener Ring (585er oder 750er Gold) mit einem Brillanten und einem blauen Achat. Das erotische Geheimnis wird sichtbar, wenn der Träger oder die Trägerin den Achat dreht: Eine pikante Liebesszene in Gold mit einem zweiten Brillanten erscheint. Genauso bei den „Träumen vom Glück": Wird der gefaßte Onyx gewendet, erscheint ein nicht minder frivoles Paar im goldenen Liebesglück.

Eine kleine Kollektion erotischer Liebesszenen in Gold mit Edelsteinen, ungefähr 25 verschiedene Motive, hat der Schmuckdesigner entworfen. Die Ringe haben keine eigentliche Vor- und Rückseite. Sie sind so gearbeitet, daß die sinnliche Pikanterie inklusive Brillant, wenn sie denn nicht versteckt, sondern offen zur Schau gestellt wird, den Eindruck erweckt, als könnte sie nur so getragen werden. Umgekehrt genauso: Wird die nicht-erotische Seite gezeigt, käme niemand auf die

Idee, mehr zu vermuten. Ein erotisches Geheimnis bleiben die Pärchen bei der „Lieblichen Balance" und der „Verborgenen Leidenschaft". Hier wird Verborgenes nur sichtbar, wenn der Ring aufgeklappt wird. Die Preise für die edlen Stücke hingegen sind nicht geheim: von 1000 DM bis 4000 DM kosten sie.

Michael Lade betreibt mit seiner Frau in Tegel eine Schmuckgalerie und ein Goldschmiedeatelier. Dort sind die amourös-lasziven Schmuckstücke, die teilweise auch als erotische Kettenanhänger getragen werden können, ausgestellt, und der Designer persönlich verrät den erotischen Dreh. Wer sein individuelles Geheimnis am Finger tragen möchte, kann sich ein Unikat anfertigen lassen. Der sinnlichen Kombination aus Gold und Edelsteinen sind keine Grenzen gesetzt.

Sein erster Katalog ist in Eigenarbeit am Computer entstanden und offenbart eine der Leidenschaften von **Peter Giese**: Erotik-Schmuck. Den fertigt der Goldschmied, der zugleich „ganz normale" Schmuckarbeiten macht, beim Goldschmiedenachwuchs die Gesellenprüfung abnimmt und Country- und Westernschmuck fabriziert, seit 1996 in solider Handarbeit: Kettenanhänger wie eine goldene Nackte auf einem silbernen Andreas-Kreuz (175 DM), eine silberne Brustkette mit funktionstüchtigen Minihandschellen und Acrylkugel (230 DM), den beflügelten Penis als Schlüsselanhänger (230 DM) oder den silbernen Brustring mit einer rotierenden Katze, der auch als Ohrring tragbar ist (130 DM). Neben einem kleinen Bestand solcher Arbeiten erfüllt der 41jährige in seiner Kreuzberger Werkstatt, die er mit einem anderen Goldschmied teilt, aber auch jeden individuellen Kundenwunsch, sofern dieser technisch umsetzbar ist. Einschränkungen gibt es nur beim Material. Er verwendet alle Edelmetalle, vornehmlich Silber und Gold, allerdings kein 333er – das ist für ihn kein Gold. Für gepiercte Körper hat der Goldschmied einiges auf Lager, wie die silberne Gerte (65 DM), die auch als Kettenanhänger getragen werden kann. Wen Peter Giese schmuckmäßig erotisiert, der kann entweder bei „Exciting" vorbeischauen – dort wird sein Erotik-Schmuck verkauft – oder sich für ganz persönliche Einzelanfertigungen direkt an den Schmuckmacher wenden.

Zubehör für heiße Nächte

BUNT-NOPPIGES ZUM DRÜBERZIEHEN

Ein Kondom ist männlich oder sächlich und wird auch Präservativ genannt. Das erfährt, wer im Duden nachschlägt. Unter „Präservativ" wird es etwas deutlicher: „Gummiüberzug für das männliche Glied zur Empfängnisverhütung" steht dort zu lesen. Auch das 24bändige Taschenbuch-Lexikon bringt nur nüchterne Beschreibungen zuwege und gibt auch keinerlei Hinweise auf den Präser als Mittel zur Aids-Prävention. Vergeblich gestaltet sich auch die Suche nach einer lustvollen Komponente von Verhüterlis, Gummis oder Parisern in den Nachschlagewerken. Dabei ist der oder das Kondom längst nicht mehr nur als Fortpflanzungsregulator im Einsatz, sondern farben- und formfrohes Liebesspielzeug.

Einst bestand es aus kochfestem Leinen und Schafsdärmen – eine von vielen Versionen besagt, daß der sagenhafte Dr. Condom, Arzt am Hofe Charles II. von England, den Royalties und dem Hofstaat die tierische Hülle verpaßt haben soll. Die dickwandige Schafstüte wurde durch eine derbe Naht zusammengehalten und nicht selten als „Bollwerk gegen die Lust" empfunden. Dank der Entdeckung der Vulkanisierung von Gummi durch Goodyear Mitte des 19. Jahrhunderts wurde der „Gummi aus Gummi" geboren, damals allerdings noch mit einem begrenzten Haltbarkeitsdatum von nur drei Monaten. Später gelang es, den Pariser aus der geschmeidigeren Gummimilch Latex herzustellen und ihm damit weltweite Berühmtheit zu verschaffen. Die landläufige Bezeichnung „Fromms" stammt übrigens von einem Berliner, von Julius Fromm.

Erst die Pille machte in den sechziger Jahren unseres Jahrhunderts dem damals dröge hautfarbenen Gummi den anhaltenden Siegeszug streitig. Aids ordnete dem hauchzarten, nahtlosen Überzieher dann eine weitere wichtige Bedeutung als „Verhüter" zu. Inzwischen ist er anerkannt als das, was er mit Sicherheit auch immer schon gewesen ist: das am häufigsten zu wechselnde Kleidungsstück des Mannes. Daß auch er, was Form und Farbe anbetrifft, nicht immer das gleiche tragen will, liegt in der Natur der Sache, und deshalb erfreuen sich die bunt-noppigen Varianten des kleidsamen Liebesspielzeugs zunehmender Beliebtheit: knapp 200 Millionen Verhüterlis wurden deutschlandweit anno 1998 verkauft.

Leider schloß im Sommer '99 Berlins bekanntester Latextütenshop seine Pforten: „Condomi", erst ansässig in der Charlottenburger Kantstraße, dann in der Schöneberger Motzstraße, hatte aufgegeben.

In Prenzlauer Berg gibt es einen kleinen Laden namens **Condom-Mix**, der ein großes Angebot an Kondomen und erotischem Spielzeug führt. Besonders ausgefallen sind die Vibratoren (79 DM) und Dildos (59 DM) von Fan Factory aus Silikon. Früher konnte sich der Shop rühmen, nicht nur die verhütende Euro-Norm, sondern auch die amerikanische Größe „XXL"zu führen. Die Übergröße mit einem halben Zentimeter mehr Durchmesser und zweieinhalb Zentimetern zusätzlicher Länge wurden jedoch aus dem Angebot genommen. Dafür neu im Sortiment: goldene Tütchen mit Vanillegeschmack, das Trio für knapp 5 DM. Wer Bedarf hat: Condom-Mix befindet sich in der Dunckerstraße 1a.

Die **Stiftung Warentest** nimmt sich natürlich auch regelmäßig des Kondoms an. 1983 begann der Kondomtest, fünfmal wurde inzwischen geprüft. Bei der ersten europaweiten Prüfung galten viele der Prüflinge als nicht sicher genug. 1994 gab es trotz verschärfter Prüfkriterien nur noch wenige „Ausreißer". Beim jüngsten Test, anno 1999 (veröffentlicht in test 6/99), lautete das Fazit: Auf deutsche Lümmeltüten ist Verlaß; nur drei von 29 Produkten erreichten die Prüfziele nicht, unter anderem gab es für den „Black Jack" nur ein „mangelhaft". Das Gesamturteil „sehr gut" erreichte kein Tütchen, dafür aber die meisten ein „gut" wie der bekannte „Billy Boy", der „Big Ben" oder das übergroße „mondos XXL". Doch Vorsicht mit den Übergrößen: Die Stiftung Warentest rät von deren Einsatz aus schierem Potenzgehabe oder Überschätzung der eigenen Größe ab – sie rutschen, wenn sie denn zu groß sind, schneller ab.

Geprüft wurde auch eine Neuheit, das Kondom aus Polyurethan, einem Werkstoff, der z.B. für Skischuhsohlen verwendet wird. Beim Modell „Durex avanti" ist die Membran nur noch fünf hundertstel

Millimeter dünn; es riecht nicht nach Gummi und ist fettunempfindlich. Dieses latexfreie Verhüterli gilt als Alternative für Latexallergiker. Zwar ist ein Polyurethan-Kondom weniger dehnbar als Latex, doch bestand es die wichtigste Prüfung, den Lochtest, sowie die Reißprobe.

Gültig für die Gummiverhüterlis ist die europäische Norm (EN), früher DIN. Ein hauchdünnes und zartes Kondom hat nach der Norm 0,04 bis 0,08 mm Wanddicke. Die „extrastarken" Modelle sind 0,1 mm dick. Ein normales Kondom erfüllt dann die Norm, wenn es ein Berstvolumen von mindestens 18 Litern hat und der Berstdruck ein Kilopascal beträgt, bevor es zerreißt. Zudem muß es mindestens 700 Prozent Dehnungsfähigkeit haben. Das Testheft kann übrigens nachbestellt werden, oder man informiert sich telefonisch über die Testergebnisse.

Beruhigend zu wissen für alle, die das Kondom im Freien benutzen und es nicht ordnungsgemäß im nächsten Papierkorb, sondern am Wegesrand entsorgen: Da es ein natürliches Latex-Produkt ist, geht es in den biologischen Kreislauf ein und entsorgt sich sozusagen von selbst – es wird mit der Zeit in Humus umgewandelt.

„SEXCLUSIVITÄTEN"

Die Visitenkarte ist pechschwarz. Nur ein Wort in lila Schreibschrift: **„Sexclusivitäten"** und eine Telefonnummer. Beim Anruf ertönt per Band die erotische Stimme von Laura Méritt. Sie ist eine professionelle „Sexpertin", betreibt seit 1989 den Frauen-Sex-Toy-Handel „Sexclusivitäten" und den lesbischen Escort-Service „Club Rosa". Außerdem agiert sie als Sex-Performance-Künstlerin bei den „Bösen Mösen", macht als „feministische Linguistin" auf sich aufmerksam und ist Herausgeberin eines lesbischen Berlin-Stadtplans. 1994 erschien ihr lesbisches Sex-Wörterbuch „Animositäten und Sexkapaden". Seit 1998 gibt sie das Erotikjahrbuch „Lesbisches Auge" heraus. Derzeit schreibt sie zudem an ihrer Dissertation, Thema: „Das Gesprächsverhalten von Frauen beim Thema Sex".

Nicht nur Frauen, die auf Frauen stehen, sind bei den „Sexclusivitäten" an der richtigen Stelle. Auch die Konstellationen Frau/Mann und Frau allein wird hier bestens betreut. Denn Laura Méritt verkauft ihr Liebesspielzeug nicht nur, sie erklärt auch, wie es funktioniert, und beantwortet eigentlich jede Frage, die mit Erotik, Liebe und Sex zu tun hat.

Die Idee hat Laura Méritt aus dem prüden Amerika importiert. „Sexclusivitäten" ist der erste Service dieser Art in Deutschland: Sexspielzeuge für Frauen, die nicht im Geschäft angeboten, sondern im Heimservice an die Frau gebracht werden. In ihrer Wohnung hat ihre Mutter einen Raum als „rosa-plüschiges Biedermeierzimmer" eingerichtet – das ist das erotische Spielzeugland, in dem Laura Méritt berät und die Anwendungen erklärt. So weist sie z.B. ins Reich der Vergnügungsstäbe ein. Denn Dildo ist nicht gleich Dildo. Aus pflegeleichtem, sich erwärmenden Silikon, lassen sie sich in die unterschiedlichsten Formen bringen. Ein Hit in der neuen Kollektion sind die gewellten Glasstäbe, die mit Flüssigkeit gefüllt werden können. 100 bis 150 DM kosten solche edlen Stücke; in dieser Preisklasse und etwas niedriger (ab 70 DM) gibt es auch Dildomodelle wie die „Schlange", die „Frau", die „Rakete" oder den „Bienenstachel für den G-Punkt". Ganz frisch vom amerikanischen Lesbenmarkt erschaffen und importiert sind auch die „Schwänze". Die Silikonstücke sollen die echten vor Neid erblassen lassen, gibt es sie doch in den verschiedensten Neigungswinkeln, mit einer Doppeleichel oder mit verschiedenen Vorhäuten (100 bis 150 DM).

Den „Zauberstab" – der klassische Vibrator, der in amerikanischen Haushalten die Form eines Mikrofons hat – mit zwei Stufen bekommt frau für 150 DM, ein zusätzlicher G-Spot-Aufsatz kostet nochmals 20 DM. Preiswerter ist der „Mini-Vib" für unterwegs im Taschenformat. Inklusive Batterie und abnehmbarem Noppenkopf ist er schon für etwa 50 DM zu haben.

Dem Liebesspiel dienen auch Ledergürtel, in die Dildos eingespannt werden können. Das Modell „Texas" – zwei Riemchen, breiter Gurt und Lochverschluß – ist für rund 150 DM zu haben, der Gürtel „Free-Style" mit Klettverschluß, der auf dem Oberschenkel oder an einem Stuhl befestigt werden kann, ist 50 DM billiger. Beim „Doppelgürtel" ist ein Dildo für den Eigenbedarf bestimmt, der andere für die Mitspielerin (ca. 160 DM). Sämtliche Gürtel werden maßgefertigt, ebenso wie Lederfesseln, Halsbänder, der Ganzkörper-Harness (Geschirr) und Chaps. An exklusiven Accessoires bietet „Sexclusivitäten" auch Stäbe aus Silber, Edelstahl oder Marmor und die Clit-Clips, silberne „Mösenspangen" für rund 450 DM.

Mit Fragen zur „Bedienungsanleitung" der Sex-Toys ist es nicht getan. Oft holt Laura Méritt anscheinend versäumten Aufklärungsunterricht nach. Nach Erfahrung der „Sexpertin" wissen immer noch zu wenige, was es beispielsweise mit dem Kitzler auf sich hat. Zur Demonstration hat sie die aus San Franzisco importierte „Vulva-Puppe" dabei, ein weiches, rund dreißig Zentimeter langes Samtkissen in Form einer Vagina (für 150 DM erhältlich). Was sie daran nicht vorführt, kommt per Video-Sexinfotainment: z.B. dreißig lustvolle Minuten „Auf den G-Punkt gebracht".

Die Beratungstätigkeit kann ganz seriös vonstatten gehen. Manchmal wird sie aber auch eingeladen, auf Partys ihren Lust-Koffer zu öffnen. Das tut sie dann meist in Verkleidung, etwa als Nonne oder als Krankenschwester. Ein solcher Auftritt samt Präsentation und Kostümierung kostet 100 DM pro Stunde; weitere Dienstleistungen wie Workshops erfragt man am besten direkt bei Laura Méritt.

Ein Novum bei „Sexclusivitäten" ist der „Damensalon". Am Freitag, dem Tag der Venus, treffen sich von 12 bis 20 Uhr Damen beiderlei Geschlechts zum Klatschen, Tratschen, Filmchen Gucken und Plaudern. Kommen darf jede(r), die (der) sich wie eine Dame benimmt.

SEX-TOYS

Eigentlich hat **Kadett Hulsmann** alles gemacht, was zu einem guten Lebenslauf in der (Lesben)Szene gehört. Angefangen vom Reißverschlußeinnähen in Handarbeit über Lack-Leder-Modenschauen vor gut zehn Jahren, als die ersten S/M-Spielereien bei den Lesben Einzug hielten, und die erste Low-Budget-Porno-Produktion bis hin zu Cowboyhosen-Entwürfen. Das war der gebürtigen Holländerin aber nicht genug. Die Öde im Bereich exklusiver Sex-Toys wie Dildos und Harnesse veranlaßte sie, ihre Ideen und Phantasien in eine eigene Kollektion umzusetzen. Anfangs vertrieb sie die Erotikartikel auf Partys und in kleinen Shops. Anfang der neunziger Jahre, nach ihrem Umzug nach Berlin, begann – zusammen mit Laura Méritt von „Sexclusivitäten" – die richtige Produktion. Seitdem setzt sie auf die Perfektion ihrer exklusiven Spielzeuge, kreiert die unterschiedlichsten Modelle, die sie in Größen von S bis XXL anbietet, und beliefert die meisten Frauenshops in Deutschland, aber auch manchen Schwulen-Laden und Fetisch-Shop. Wer Lust auf eine raffinierte kadettsche Spielerei hat oder etwas Ausgefallenes sucht, kann sich direkt mit ihr in Verbindung setzen.

Im September '99 feierte **Good Vibration Toys** zweijähriges Berlin-Jubiläum. Kurz vor diesem Geburtstag wechselte man die Räumlichkeiten, zog von der Motzstraße zweimal um die Ecke in die Nollendorfstraße. Zwar liegt das neue Geschäft im Souterrain, ist dafür aber um einiges größer. Das hat seinen guten Grund, brauchte man doch Platz für **Mister B**, der im hinteren Raum mit seinen Leder- und Gummiklamotten sowie Zubehör für die schwule Kundschaft sitzt. Vorne offeriert „Good Vibration" für Homos und Heteros ein üppiges Dildo- und Vibratorensortiment, unter anderem die gesamte Erotic-Toy-Palette von Fun Factory aus Bremen. Das „liebevoll-erotische" Silikonspielzeug in grellbunten Farben kommt beispielsweise als Delphin-Vibrator (75 DM), Engelchen-Vibrator (79 DM) oder als „Don Camillo & Peppone"-Fingerlinge (24,90 DM) daher. Das „Doppelte Lottchen", der Dildo für den Doppeleinsatz, kostet 119 DM. Ebenfalls erhältlich: Liebeskugeln, in der silikonüberzogenen Metallkugelvariante für knapp 40 DM. Neben sinnlichen und teilweise sogar eßbaren Cremes, Liebesölen und anregenden Badeölen gibt es auch praktische Geschenksets. Wer Lust verschenken will, kann beispielsweise das Präsent „Let's talk about Sex" mit Gleitgel, Harness, Dildo9 und Toybag (199 DM) oder für 20 DM mehr „Freak me" mit dem „Fürsten-der-Nacht"-Dildo, Fesseln, Maske und Gleitmittel auswählen.

Schwellenängste sind hier unangebracht, denn „Good Vibration" ist keiner der üblichen Schmuddelshops, sondern ein freundlicher Laden mit sehr netter Bedienung, egal von welchem Ufer die Kundschaft ist.

DER MÖBELMACHER

SMART-Equipments – dahinter steckt der Möbeltischler Henry. Was er fertigt, sind keine Stücke, die man bei IKEA oder Höffner bekommen kann. Er entwickelt und gestaltet erotische Möbel, Utensilien und Accessoires in Holz, Leder und Metall jeweils ganz nach Kundenwunsch – Phantasien und Vorlieben von zart bis hart setzt er mittels seines eigenen Stils künstlerisch-erotisch um. Das A und O dabei: die Sicherheit und Anpassung an die heutigen Ansprüche, egal ob es sich um den Kugelkäfig für drei Personen, den Dildostuhl mit Hodenspanner oder die massiv hölzerne Strafbox mit Pranger, die tagsüber sogar als normale Aktenablage fungiert, handelt. „Bei mir wissen die Kunden, daß ihre Spielwiesen den Anforderungen standhalten", meint

Henry, der meist so spezielle Aufträge hat, daß die Stücke immer neue Einzelanfertigungen sind. Die Preise richten sich entsprechend nach dem jeweiligen Aufwand.

„SMART" richtet auf Wunsch auch Räume ganz im Stil verschiedener Epochen ein: vom Separé Ludwig IVX. und Saal des Marquis de Sade über schrill-kitschige Phantasiezimmer bis zum „Aerospacedream". Dabei können „gewisse" Möbel und Accessoires multifunktional im erotischen Bereich eingesetzt werden. Die „SMART"-Möbel müssen, soweit es sich nicht um komplette Studioentwicklungen handelt, nicht an die Wände gedübelt werden, sondern können frei im Raum stehen. In Kooperation mit einer Malerin bietet Henry auch die passenden erotischen Malereien an.

Auch wer nur Accessoires braucht, ist bei „SMART" an der richtigen Adresse. Ob Spreizstange, Ketten oder Fackelhalter, es gibt wohl kein Stück im S/M- und erotischen Möbelbereich, das Henry nicht bauen kann.

Körperkulte

TATTOO

Das Sammelblatt 114/11 aus der Südsee-Abteilung des **Museums für Völkerkunde** beschreibt sie als „eindrucksvolles Beispiel menschlichen Körperschmucks" – die Tatauierung. Der unabänderliche Eingriff in die Haut gebe den dekorativen Bedürfnissen nach unvergänglicher Schönheit Ausdruck, erfährt der Leser weiter. Das mag wohl einer der Gründe sein, warum in Berlin die Tattoo-Studios wie Pilze aus dem Boden schießen, und das Tragen mindestens eines unabänderlichen Eingriffs inzwischen auch bei denen, die noch vor einigen Jahren die Nase darüber rümpften, zur modischen Pflichtübung geworden ist.

Zu den klassischen Verbreitungsgebieten der „Kunst am Körper" gehört Ozeanien, das traditionelle Zentrum ist Polynesien, und seine höchste Vollendung fand dieser Kult auf den Marquesas-Inseln im Pazifik sowie in Japan. Zwischen Papua-Neuguinea und Mikronesien entwickelten die Naturvölker diese besondere Art des Körperschmucks, der auch soziale und kulturell-religiöse Bedeutung hatte. Der Entdecker James Cook war Mitte des 18. Jahrhunderts jedenfalls so stark beeindruckt von den geschmückten Körpern, daß er das polynesische Wort „tatau" („Wunde schlagen") dafür übernahm. Daraus wurde im Englischen „tattoo" abgeleitet. Das eingedeutschte „Tätowierung" wird von den Völkerkundlern als falsch bezeichnet, sie sprechen von Tatauierung (die Berliner Tattoo-Szene spricht von Tätowierungen und Tattoos, also belassen wir es im Folgenden bei der unwissenschaftlichen Variante).

Aufgrund der unterschiedlichen Wirkungen auf der Haut entwickelten die dunkelhäutigen Melanesier die Narbentätowierungen, während die hellhäutigen Polynesier und Mikronesier die Stich- bzw. Farbtätowierungen bevorzugten. Die Tätowierung diente den Eingeborenen als Körperschmuck sowie zur Darstellung von Kriegserfolgen und zum Schutz vor Krankheit und Not. Eine besondere Bedeutung hatte dieses Ritual für Jungen und Mädchen zu Beginn der Geschlechtsreife. Die Motive waren in der Regel einfache schwarze Deckfelder, Linien, Zickzack-Muster, Dreiecksornamente oder Bögen und Winkel.

Bei der Narbentätowierung wurde die Haut aufgebrannt oder mit Steinsplittern, Messern aus Bambus oder Knochen eingeschnitten. Der Heilungsprozeß der offenen Wunden wurde durch Infizieren mit Fremdstoffen wie beispielsweise Erde verzögert, um den Vernarbungsprozeß zu verstärken. Während einige Naturvölker deutlich hervortretende Narbenwülste haben wollten, bevorzugten andere pockenartige Vertiefungen.

Unterschiedlich war auch je nach Region und Volksstamm die Plazierung der Tätowierungen. Bei den Polynesiern wurde bevorzugt zwischen Hüften und Knien tätowiert (dies deutet auf die ursprüngliche Bedeutung als Kleidungsersatz hin), bei den Maori in Neuseeland war die Gesichtstätowierung Privileg der Häuptlinge, und auf den Marquesas-Inseln wurde der ganze Körper tätowiert.

Der von Cook nach Europa importierte Kult war anfangs nur im Seefahrermilieu verbreitet, wurde aber bald auch zum festen Ritual von Gefängnisinsassen. Nach den Rockern und den amerikanischen Strandschönheiten mit ihren „Beach-Tattoos" griffen die Medien das Thema verstärkt auf, mit dem Resultat, daß die Tätowierungen nun auch bei den „Normalos" boomen.

Im Gegensatz zur amerikanisch-europäischen Variante gleicht die Narbentätowierung in Polynesien noch heute eher einer grausamen Folter. Bei der schmerzhaften und blutigen Prozedur wird ein junger Eingeborener auf einen Baumstamm gelegt, daran festgebunden oder festgehalten. Der sogenannte „Bilderklopfer" schneidet mit Steinsplittern oder Glasscherben die Haut ein und reibt anschließend ein Gemisch aus Ton und Erde in die offenen Wunden. Bewußtlosigkeit oder gar Todesfälle sind keine seltenen Folgen dieses Männlichkeitsrituals.

Narben werden bei uns heute mit dem Skalpell und speziellen Wundinfektionsmischungen herbeigeführt, über deren Rezeptur sich allerdings jeder Tätowierer in Schweigen hüllt. In den Studios gibt es auch keinen ozeanischen Tatauierkamm. Er bestand aus einem Holz- oder Bambusstab mit einer kammähnlichen Klinge aus Schildpatt oder Knochen, die in Farbe getaucht und mit einem Schlegel in das vorgezeichnete Muster der Haut geklopft wurde. Die zeitgenössischen

Apparaturen funktionieren im Prinzip immer noch so wie der erste elektrische Tätowierapparat, der Ende des 19. Jahrhunderts in Amerika entwickelt wurde: Zwei Elektromagneten bringen eine Schwungfeder zum Vibrieren, wodurch sich die am Ende gebündelten Nadeln in eine schnelle Auf- und Abbewegung versetzen.

PIERCING

Piercing bedeutet das Durchstechen von Körperstellen, z. B. im Gesicht, an den Schamlippen, Brustwarzen oder der Eichel. Daß es schmerzt, steht außer Frage. Manche überlegen sich, wozu sie diese Schmerzen freiwillig auf sich nehmen sollen, andere lassen sich einfach piercen.

In der Antike waren Piercings weitverbreitet und sehr angesehen, und auch die alten Ägypter sollen sich ein Loch in ihren Nabel gebohrt haben, um ihn zu schmücken. Auch heute ist Piercing auffällig und vermittelt außer einer eigenen Ästhetik eine unkonventionelle Lebensweise. Bei Ohr- und Nasenringen handelt es sich ebenfalls um „vollständige" Piercings.

Ein maßgeblicher Grund für Piercing ist die sexuelle Stimulanz. Speziell für Fetischisten und Sadomasochisten ist Piercing wichtig, da es zusätzlich eine symbolische Funktion erfüllt.

Aber auch dem „Normalbürger" ermöglicht der Intimschmuck, beispielsweise kleine Ketten, Schlösser oder Gewichte, eine Vielzahl interessanter sexueller Spiele.

Doch was ist beim Piercing unbedingt zu beachten? Zunächst einmal die sorgfältige Auswahl des Piercers und der Piercing-Methode. Größe, Form und Material des zu tragenden Schmuckstücks sollten vorher überdacht werden. Das ausgewählte Metall muß antiallergen sein und resistent gegen Körperflüssigkeiten, Shampoo, Wasser und Seife. Hochglanzpoliert sollte es sein und nicht korrodieren oder beschlagen, da ansonsten der Heilungsprozeß des Piercings beeinträchtigt wird. Gold und hochwertiger Edelstahl sind bestens geeignet. Bei frischen Piercings sollten keine Legierungen benutzt werden, da sich Partikel von der Ringoberfläche ablösen können. Schmuck aus vergoldetem Silber und ähnlichem ist für Erstlingsringe nicht zu empfehlen; die meisten Piercer benutzen „Chirurgenstahl". Voraussetzungen für ein gutes Piercing sind die Professionalität, die Hygiene und das Vertrauen zum Piercer. Demzufolge ist auf S/M-Partys oder anderen Veranstaltungen vom Piercing abzuraten – die nötige Ruhe und Hygiene fehlen. Nach Möglichkeit sollte der Piercer über medizinische Kenntnisse verfügen, besonders wenn es um die Betäubung geht. Ebenso wichtig ist ein ausführliches Vorgespräch mit dem Piercer über mögliche Probleme, die durch das Piercing entstehen können.

Eines der gängigsten Piercings ist der „Dydoe", der paarweise an beiden Seiten der Eichel getragen wird. Parallel zur Längsachse des Penis wird der Eichelkranz durchstochen. Für nicht beschnittene Männer ist der „Dydoe" aufgrund seiner Lage nur bedingt zu empfehlen. Die Heilungszeit beträgt zwischen zwei und drei Monaten.

Die Brustwarzen sind mit die beliebtesten Piercingstellen. Sie können vertikal oder horizontal gepierct werden. Am häufigsten wird das paarweise horizontale Piercing durchgeführt. Hauptsächlich werden Ringe und Stifte gesetzt. Das Piercing wird entweder durch die Brustwarze, den Warzenvorhof oder noch weiter hinten eingesetzt. In den meisten Fällen wird von einer erheblichen Steigerung der Brustwarzen-Empfindlichkeit berichtet. Die reine Wundheilung beträgt in der Regel acht Wochen, die komplette Heilung kann drei bis neun Monate dauern.

Neben den Brustwarzen gibt es noch andere für das Piercing geeignete Körperstellen wie die Zunge, den Nabel, die Nase, das Ohrläppchen, die Ohrmuschel und die Lippen. Die Schamlippen können innen wie außen gepierct werden. Am häufigsten werden paarweise Ringe in beide Schamlippen gesetzt. Bei den äußeren Schamlippen können die Ringe auf der ganzen Länge sowie auch beidseitig gesetzt werden (Heilungsdauer sechs Wochen bis drei Monate). Je stärker die inneren Schamlippen ausgeprägt sind, desto besser können sie gepierct werden.

Klitoris-Piercings sind in der Hauptsache Piercings der Klitoris-Vorhaut. Von einem Piercing der Klitoris selber ist abzuraten, da ein Gefühlsverlust sehr wahrscheinlich ist. Ein Piercing der Vorhaut hingegen ist stark stimulierend. Es wird entweder vertikal oder horizontal durch das Klitoris-Häutchen geführt. In der Regel wird ein kleiner Ring oder Stift eingesetzt (rund sechs Wochen Heilungsdauer).

Beim „Foreskin-Piercing" wird durch die beiden Teile der Vorhaut gestochen, entweder oben oder unten, vertikal oder horizontal. Nach rund sechs Wochen ist die Wunde verheilt. Der „Prinz-Albert-Ring" ist sicherlich eines der geläufigsten Piercings für Männer. Er wird durch die Harnröhre eingestochen und ein Stück weiter wieder herausgeführt (rund acht Wochen Heilungsphase).

Der „Hafada" wird durch die Hautfalte am Hodensack eingestochen und kann einseitig, beidseitig oder an der Teilungsnaht zwischen den Hoden gesetzt werden. Ein Piercing durch die Hautfalte zwischen Hodensack und After wird „Guiche "genannt. Die Heilung bei beiden dauert etwa sechs bis acht Wochen.

Niobium ist eine Legierung aus „space age metal" in verschiedenen Farben. Es eignet sich nicht für Erstlings-Piercings, ist jedoch als „Zweitschmuck" für ausgeheilte Piercings zu empfehlen.

VERGÄNGLICHE TATTOOS

Lebenslänglich oder nicht? Diese Frage muß sich jeder beantworten, der mit dem Gedanken an ein Tattoo schwanger geht. Will man sich der Körperkunst nicht auf ewig verpflichten, dann sollte man es mit Mendhi versuchen. Zudem hat sich das Tattoo-Fieber etwas gesenkt, und da kommt es nicht von ungefähr, daß mit Henna-Painting eine andere Bodyart in den Startlöchern steht bzw. schon im Rennen ist. Die alte orientalische Kunst, die ihre Fangemeinde mit Madonnas „Frozen"-Video gewann, hat den ungemeinen Vorteil, daß sie die weit gesündere Körperdeko ist. Der Naturfarbmix mit seinen traditionellen indischen Mustern ist nicht nur unschädlich auf der Haut, sondern umgeht auch die eine Entscheidung für das ganze Leben. Die Bemalung verblaßt ällmählich wieder, im Schnitt nach zwei bis drei Wochen.

DIE STUDIOS

Die Tätowierer und Piercer haben zwar gewechselt, ansonsten ist aber alles gleichgeblieben. So verziert das Tattoo- und Piercing-Studio **B 52** in Schöneberg seit nunmehr fünf Jahren die willige Kundschaft mit (permanenter) erotischer Körperkunst. Kunst hin oder her, gerade beim Piercing (ab 150 DM) weiß „B 52" auch um die Risiken. Die Nasenwurzel und die hintere Halsgegend werden nicht gepierct. „Das ist zu gefährlich", heißt es.

Kleine Tattoos gibt es bei „B 52" ab 100 DM, nach oben sind natürlich keine Grenzen gesetzt. Der „Prinz-Albert-Ring" durch die Eichel kostet z.B. 180 DM. Nicht durchstochen wird die Klitoris, der restliche Intimbereich hingegen schon.

Vor einigen Jahren fanden viele dieses Metiernoch pervers. Inzwischen gilt es als erotisch, doch der Trend von Piercing und Tätowierungen ist eigentlich fast schon wieder vorbei. Wer bei der Körperkunst Neues möchte, geht zum Branding über. Gerade die S/M-Szene (aber auch hier sind es vor allem die Freunde des Extremen) hat das Stück Metall, das in die Haut gebrannt wird, für sich entdeckt. Ab Herbst '99 soll die Fleischverbrennung angeboten werden. Wer die schmerzhafte Prozedur über sich ergehen lassen will, ist ab 600 DM dabei. Ebenfalls stark im Kommen sind Schmucknarben. Die Kunst dabei und damit das wohlgehütete Geheimnis ist die Mixtur, die in die offenen Wunden gestreut wird, damit sich der Heilungsprozeß verlangsamt. Nur so viel sei verraten: Muster werden (vor allem auf den Armen) aufgemalt, mit einem Skalpell wird eingeschnitten und die Antiheilungsmischung eingestreut. Für ein schönes Narbenmuster muß der Kunde allerdings einige Sitzungen auf sich nehmen. Der Preis beträgt 350 bis 400 DM.

Auch wenn „B 52" natürlich jedem rät, die Kunst am eigenen Körper nur in die Hände von „B 52" zu legen, gibt er denen, die sich für ein anderes Studio entscheiden, den guten Rat, sich unbedingt zu erkundigen, wie lange jemand schon pierct, tätowiert oder Narben und Brandzeichen setzt. Hilfreich ist auch der Blick in die Mappen der einzelnen Körperkünstler, die in den Studios ausliegen. Das A und O ist die Sterilität. Wer dann ein schönes, neues Tattoo sein eigen nennen kann, sollte es unbedingt gut vor Sonneneinstrahlung schützen.

Matthias von **Tattoo Connection Berlin** ist noch ein Tätowierer der alten Schule. Es gibt einen Ehrenkodex, dem er folgt Kopf, Gesicht, Hals und Hände tätowiert er nicht. Politische Motive und Namenszüge sind ebenfalls tabu, letzteres aus ganz praktischen Gründen: „Wenn du deinen Partner wechselst, soll ich dann jedesmal den Namen auswechseln, und das vielleicht noch alle paar Monate?", fragt er zurecht. Vor allem will Matthias den Leuten die Bedeutung eines Tattoos vermitteln. Da man sich mit einem Tattoo für einen lebenslangen Körperschmuck entscheidet, sollte man sich diesen Schritt gut überlegen. Sich aus einer Laune heraus tätowieren zu lassen, davon rät Matthias entschieden ab.

Das Studio, das es seit Juni 1992 gibt, bedient vor allem die weibliche Kundschaft. Polizistinnen, Bänkerinnen oder Sekretärinnen lassen sich bei „Tattoo Connection" den Körper schmücken. Die angesagtesten Motive: Keltik und Tribel. Früher, erinnert Matthias sich, hätten Tattoos ausgesehen wie Abziehbilder. Inzwischen sind die Motive weitaus plastischer geworden, da sie mit Schattierungen und Farben hervorgehoben werden.

Das Schöneberger Studio bietet auch Piercing und Intimtätowierungen, die im Trend liegen, an. Beim Durchstechen von Körperstellen herrscht derzeit Hochkonjunktur. „Tattoo Connection" setzt aber auch hier Grenzen. Eichel- oder Klitoris-Piercing wird abgelehnt. Ebensowenig werden Augenbrauen und Hände gepierct. Für alle anderen Stellen gibt es eine reiche Auswahl an Piercing-Schmuck von Titan bis Gold. Auch Sonderwünsche und Einzelanfertigungen finden Gehör. Tätowierungen beginnen bei 150 DM. Ein Bauchnabelpiercing kostet beispielsweise 160 DM, inklusive medizinischem und Schmuckstecker.

Der Laden ist ein Paradies. Wer **Tatau Obscur** betritt, taucht vom geschäftigen Treiben rund um die Kreuzberger Bergmannstraße in einen Garten der Kreativität ein. Im Tattoo- und Piercing-Studio von Inhaberin Berit blüht die Kunst des Körperschmucks in ebenso kunstvollen Räumen – Motive von Gilbert & George, J.P. Whitkin, Matta und G. Tiepolo wurden in die aufwendigen Wand- und Deckengestaltungen integriert. Dazu gesellt sich ein zauberhaftes Sammelsurium aus einem vitrinen- und schaukastenhaften Kuriositätenkabinett, skurrilen Lampen, ausgestopften Tieren und erotischer Kleinkunst.

Dem Körperkult widmet man sich im Parterre des Studios mit Beratung, Piercing (50 bis 250 DM) und einer vielfältigen Schmuckauswahl, die Einzelstücke aus Mammut-Elfenbein, Horn, Stahl, Silber, Gold und Titan sowie fluorescierendes Plexiglas beinhaltet. Der Souterrain ist das Reich der Tätowierer. Daß die Athmospähre hier besonders familiär und kreativ ist, hat gute Gründe. „Bei uns sind Tätowierungen Kunstwerke, und sie werden sehr ernst genommen", erklärt Berit. „Die Tattoos entstehen als kommunikativer Prozeß. Wir wälzen Bücher aus unserer großen Bibliothek, diskutieren über die schönste Möglichkeit eines Bildes, den Stil und die Plazierung." Wer Besitzer eines solches Kunstwerks à la „Tatau Obscur" werden will, ist ab 150 DM aufwärts dabei.

Die gebürtige Sudanesin Asa El-Dishonis ziert in ihrem Studio **Asa's Henna-Painting** ihre Kunden mit orientalischen Malereien auf Handrücken, Füßen, Oberarmen oder wo es sonst gewünscht wird. Eine Viertel- bis halbe Stunde dauert es etwa, bis sie den Handrücken verziert hat (Kosten: ab 30 DM).

Wer selbst sein bester Bodykünstler ist, der kann sich sein Mendhi auch selber auftragen. Die Materialen gibt es bei **Harp**, in der Nähe vom Varieté „Wintergarten". Der Shop verkauft Hennapaste, aber auch Selbstmal-Sets mit allem Drum und Dran (ab 18 DM).

DÜFTE FÜR DIE SINNE

Gibt es nun aphrodisische Substanzen oder nicht? Die einen glauben daran, andere nicht. In der **Duftfabrik Harry Lehmann** in Charlottenburg wird die Frage glatt verneint. Das Familienunternehmen in der dritten Generation – Parfumeur Harry Lehmann hatte 1926 die Idee, Parfum nach Gewicht zu verkaufen – führt zwar rund fünfzig verschiedene Parfums im Angebot, aber ein regelrechtes Aphrodisiakum ist nicht darunter. Wenn zwei Leute denselben Duft mögen, dann kann jedes Parfum stimulieren, heißt es im Hause Lehmann.

Es nützt also nichts, wenn man oder frau sich mit dem „einprägsam erogen-herben Moschus" oder dem „sehr starken, erogenen, blumig-würzigen Lambada" beträufelt, falls der Partner oder die Partnerin diese Düfte überhaupt nicht riechen mag.

Anstatt den Kunden also etwas zu versprechen, woran niemand in der Kantstraße 106 glaubt, wird empfohlen, lieber zu erschnuppern, was einem gefällt. Lutz Lehmann, der jetzige Inhaber, rät dazu, sich sein Parfum selbst zusammenzustellen. Denn die vorhandenen Duftnoten sind kombinierbar. Der Kunde muß sich nur entscheiden, ob er grün-blumige oder ledrige Düfte bevorzugt, danach kann verfeinert werden. Wer hundert Gramm Eau de Cologne wählt, zahlt zwischen 5 und 7 DM, zehn Gramm Parfum kosten zwischen 4,50 und 7 DM. Parfumflaschen und Vorratsflaschen bis zu einem Liter sind für 1,50 bis 3 DM zu haben, Zerstäuber für 7 bis 9 DM und Schmuckzerstäuber für 14 bis 120 DM.

Damit sich der Duft auf der eigenen Haut gut entfaltet, empfehlen die Parfumeure, den Tropfen Parfum hinter das Ohrläppchen, auf die Brust oder auf die Innenseite der Handgelenke aufzutragen.

Homo-erotische Hauptstadt

LESBIAN CITY

Eine lesbische Szene ist und war in Berlin schon immer vorhanden – wenngleich weniger augenfällig als die Schwulenszene. Nach wie vor präsentieren Lesben ihr Selbstbewußtsein und ihre Identität nach außen hin bescheidener als Schwule. Lesbische „Fummeltrinen" sind auf der Straße selten anzutreffen, ebensowenig Frauen mit übertrieben manirierten Gesten.

Zwar gehört bei vielen „Schwestern" ein männlich-herbes Outfit und ein entsprechendes Auftreten dazu. Trotzdem läßt sich generell sagen: Lesben kommen – bis auf wenige Ausnahmen – unauffälliger daher als Schwule. Hinzu kommt die alte Geschichte: Wenn sich auf der Straße zwei Frauen umarmen, ist das gesellschaftlich weniger anstößig, als wenn Männer das tun.

Frauen haben seit jeher ihre Erotik und Sexualität mehr im Verborgenen ausgelebt. Nur wenige wurden in ihrer Sexualität an die Öffentlichkeit gezerrt. Und wenn, dann erregt dies meist starkes Aufsehen. Ob es sich nun um Helene Linck handelt, die einst für ihre homoerotische Neigung hingerichtet wurde, oder um Hella von Sinnen, deren lesbisches Treiben für Schlagzeilen sorgte.

Die lesbische Kultur in Berlin reicht bekanntlich bis in die ersten drei Jahrzehnte dieses Jahrhunderts zurück. In den zwanziger Jahren war die Stadt neben London und Paris ein Zentrum der lesbischen Welt. Vor allem eine Reihe von Künstlerinnen prägte die Szene. Dazu gehörte die Kabarettistin Claire Waldorff ebenso wie Gertrude Sandmann, Charlotte Wolf oder Gerda Rothermund. Die eigentliche Lesbenbewegung entstand in Berlin wie auch in anderen deutschen Städten aber erst 1973.

Lesbische Liebe ist nicht nur auf die „Lila Fraktion" beschränkt. Die Berliner Szene umfaßt die smarte Geschäftsfrau ebenso wie das „Girlie", die Intellektuelle oder die „Kampflesbe". Anonymer Sex, wie er von Schwulen praktiziert wird, ist für Lesben kein Thema. Cruising-Areas gibt es in der Szene nicht. Offenbar mögen's Frauen doch kuscheliger. Das bedeutet jedoch nicht, daß lesbische Liebe und Erotik weniger aufregend sind und nicht mindestens ebensoviele Spielarten bietet wie die der Schwulen oder „Heteras". Davon zeugen die vielen „Vergnügungsstätten", die Berlin diesbezüglich zu bieten hat: Ob es sich um Nachtclubs, Frauenclubs, Partys, Frauenbegleitservices, Performances, Galerien, Aktionen oder Aktivitäten der unterschiedlichsten Art handelt, die Auswahl ist groß. Und auch in puncto Sex reicht die Palette von plüschigen Kuschelecken bis zu S/M-Kellern.

PARTY & CO. FÜR LESBEN

Schon ein Blick in die hiesigen Stadtmagazine zeigt: Auch lesbische Partyschwestern und Nachtschwärmerinnen können sich hier jeden Abend und rund um die Uhr amüsieren. Es gibt genug Läden in der Szene. Die meisten Veranstaltungen finden jedoch im Vergleich zur Gay Scene in einem intimeren Rahmen statt – in Frauencafés und Kulturzentren, von denen es in der Stadt eine ganze Anzahl gibt. Die bekanntesten sollen im folgenden vorgestellt werden – sofern sie Platz und Anreiz auch für Erotik bieten.

Die **Begine** in der Potsdamer Straße in Schöneberg ist das Kulturzentrum für Frauen in der Hauptstadt. Es lohnt sich hierherzukommen – und sei es nur auf einen Milchkaffee oder zum Zeitunglesen. Frau kommt bestimmt wieder.

Der Name des Zentrums, das seit 1986 besteht, ist übrigens einem mittelalterlichen Laienorden entlehnt. Die Beginen arbeiteten als Krankenpflegerinnen, Lehrerinnen, Prostituierte und Leichenwäscherinnen und traten für weltliche Normen ein. Im 14. Jahrhundert wurden sie dafür auf dem Scheiterhaufen verbrannt. Aber das nur am Rande.

Das Kulturprogamm in der „Begine" ist abwechslungsreich und spannend. Es reicht von Ausstellungen über Lesungen und Vorträge bis zu Doko-Turnieren. Auch erotische Performances oder lesbische Latex-Revuen gehören dazu. Freitags und samstags ist Disko-Abend. Jeden ersten Samstag im Monat wird hier eine Frauen-Party veranstaltet. Alle Tangueras und solche, die es werden wollen, können sich derzeit an jedem letzten Sonntag im Monat bei argentinischem Tango amüsieren.

Ebenfalls in Schöneberg, in der Kalckreuthstraße, befindet sich Berlins älteste Lesbenbar. Das **Pour Elle** existiert schon seit 1973. Die schummrige, plüschige Nachtclubatmosphäre der Bar ist ideal für Flirts. Das Publikum, das hier seinen Sekt schlürft und das Tanzbein schwingt, ist jedoch nicht ganz so mondän wie der Name glauben machen möchte. Mittwochs und donnerstags haben auch Männer hier Zutritt.

Schrill wie der Stadtteil Kreuzberg selbst präsentiert sich das **Roses** in der Oranienstraße. Etwas „gruftig" wirkt die In-Bar, die von Lesben und Schwulen gleichermaßen besucht wird: An den Wänden hängen Felle, Kerzenleuchter sorgen für die richtige „Atmo". Ideal zum „Chill Out" nach einer Party im „SO 36".

Eine prima Location für Frauen-Partys aller Art ist die **Schoko-Cafe-Bar** in der Kreuzberger Mariannenstraße. Die Bandbreite der Festivitäten reicht von der Pyjama-Übernachtungs- bis zur Grillparty. Denn „Variety", sprich Abwechslung, ist das Motto des Hauses. Dementsprechend gemischt ist auch das Publikum. Jeden zweiten Samstag im Monat ist hier Disko-Abend mit wechselnden D-Janes. Ein Tip: Das „Schoko-Café" kann auch für Privatpartys gemietet werden.

Wichtig: Jeden dritten Freitag im Monat finden im **SO 36** die berühmt-berüchtigten Jane Bond-Partys statt. Unumgänglich für lesbische Szenegängerinnen. Fest in schwul-lesbischer Hand ist das „Café Fatal" jeden Sonntagabend im „So 36". Ein Muß für die Freundinnen und Freunde des Gesellschaftstanzes. Ab 19 Uhr können Mann und Frau die richtigen Schritte erlernen, und ab 21 Uhr dreht sich Michas Schlagerkarrussel.

An Bord gehen können Lesben auch auf der **MS Sanssouci**: Jeden ersten Freitag im Monat sind bei der „MS Titanic" Frauen aus allen sexuellen Welten willkommen, und jeden dritten Samstag steigt der „Chit Chat Club", die Community-Party für Lesben, Schwule und die ganze Familie.

Als alljährliches „big event" für die ganze „Transgender-Gemeinde" von Transsexuellen über Femmes und Schwuchteln bis zu Geschlechtsunentschlossenen bezeichnet sich „Wigstöckel", letztes Mal im **Sage-Club** zu erleben.

Berlins einzige Bisexuellen-Disco steigt jeden dritten Samstag im Monat im **Ackerkeller**. „Bisco" nennt sich das beliebte Vergnügen.

"FEUCHTES VERGNÜGEN FÜR „WOMEN ONLY"

Erotische Spannung kommt oft beim Relaxen auf. Dampfbäder und Saunen sind immer ein guter Ort dafür. Berlin bietet einige Saunen, die ausschließlich Frauen vorbehalten sind. Der Renner der Szene ist das türkische Frauendampfbad **Hamam** in der Kreuzberger „Schokofabrik".

Das traditionelle türkische Bad verwöhnt seine Besucherinnen mit Waschungen, Massagen und Ganzkörperpeeling. Das „Hamam" ist ein Ort der Entspannung und der Kommunikation – bei angenehmen 32 bis 35 Grad Celsius. Männer haben in dem Bad generell keinen Zutritt, es sei denn, sie sind nicht älter als sechs Jahre. An zwei Tagen in der Woche dürfen sich hier auch Mütter entspannen, dann ist nämlich kinderfreier Tag.

GAY-CITY – EIN KLEINER BLICK AUF DIE GESCHICHTE

„Das Licht brennt gedämpft hinter chinesischen Schirmchen und farbigen Behängen. Farbige Fetzen hängen von der Decke, wehen über dem Trubel des Tanzes, flattern ... wie manchmal die Neigungen, die sich in diesen Stätten entfalten ... es ist ein Ort flüchtiger Bündnisse ..."

So beschrieb ein Beobachter ein schwules Nachtlokal im Berlin der zwanziger Jahre. Bereits damals war Berlin das Zentrum und Mekka des homo-erotischen Lebens in Deutschland. Die Zahl der Lokale, in denen schwule Männer verkehrten, wurde auf etwa achtzig geschätzt. Die Anzahl der Lesben-Lokale und Clubs wird ähnlich gewesen sein. Zeitschriften für Homosexuelle waren an zahlreichen Kiosken zu kaufen. „Die Insel" beispielsweise wurde 1930 monatlich rund 150 000 mal verkauft.

Die Subkultur blühte. Trotz des Paragraphen 175, der das Ausleben homosexueller Neigungen unter Strafe stellte, begann sich in der Stadt ein neues schwules Selbstbewußtsein auszuformen. „Wir, Gott sei Dank, sind anders als die anderen", lautete ein in Homosexuellen-Kreisen beliebter Schlager.

Schriftsteller, Maler, Filmstars und Sternchen bevölkerten die Nacht-Szene im Berlin der zwanziger Jahre. Geschlechtergrenzen verschwammen. „Ein bißchen Bi schadet nie", lautete ein Slogan, den sich nicht nur die Bohème der Metropole aufs Banner schrieb. Lokale Berühmtheiten wie die Tänzerin Anita Berber, Marlene Dietrich und ihre Freundin Claire Waldorff trugen ihre Bi-Sexualität offen zur Schau, trugen auf der Straße Herrenanzug, Krawatte, Monokel und Männerhut.

Das Berlin der zwanziger Jahre wurde zu einer für damalige Verhältnisse toleranten und weltoffenen Metropole, die es den Schwulen oder „Urningen", wie sie damals nach Uranos, dem Vater der Aphrodite, genannt wurden, und ihrem weiblichen Gegenpart, den „Urninden", erleichterte, ihre sexuellen Neigungen auszuleben. So gab es in der Stadt „Privatzirkel", zahlreiche „Urningen-Clubs", Schwulenbälle und Cafés in Hülle und Fülle. Schwule und lesbische Nachtlokale waren Treffpunkte für Künstler, Nachtschwärmer und Schickeria.

Sein vorläufiges Ende fand das schwul-lesbische Leben und Treiben noch vor dem offiziellen Ende der Weimarer Republik. Im Oktober 1932 kündigte Berlins neuer Polizeipräsident eine „umfassende Kampagne gegen Berlins lasterhaftes Nachtleben" an. Verstärkte Kontrollen und Razzien in Szenelokalen vertrieben die Stammgäste. Die NS-Zeit, in der die braunen Schergen wilde Hatz auf Homosexuelle machten, zog unter das schwul-lesbische Treiben der Stadt einen vorläufigen Schlußstrich.

Erst Ende der sechziger Jahre lebte im Westteil Berlins die Schwulenbewegung erneut auf. 1969 wurde Homosexualität scheinlegalisiert. Liebe wurde damit auch für Schwule und Lesben in Deutschland „freier". Der Paragraph 175 wurde jedoch erst 1994 aufgehoben. Bis dahin konnte etwa ein 18jähriger, der Sex mit einem 17jährigen hatte, immer noch gerichtlich belangt werden.

Auch im Ostteil der Stadt gründeten sich in den siebziger Jahren einzelne private Treffpunkte für Homosexuelle. Eine Gruppe von schwulen Männern und lesbischen Frauen entschloß sich damals, dem Emanzipationsgedanken in der DDR Gehör zu verschaffen, und gründete 1973 die Homosexuelle Interessengemeinschaft Berlin (HIB). Aus ihr ging später der „Sonntags-Club" hervor, der heute die älteste noch existierende homosexuelle Vereinigung Berlins ist.

Heute gilt Berlin – neben Frankfurt – als größte Schwulenmetropole Deutschlands. Ungefähr 300 000 Lesben und Schwule leben in der Stadt. Viele davon sind „zugereist". Jung, dynamisch und schrill ist die Szene, wie sie sich auch auf den alljährlichen Großereignissen, dem „Christopher-Street-Day" oder der „Love Parade", präsentiert.

Ob Drag-Queens, Lederkerle, Schicky-Mickys, Sugar Daddies, Techno-

Kids, Heavy Teddies, Stinos oder Polit-Schwestern – die Gay Community Berlins ist ein buntes Völkchen.

SCHWULE SINNLICHKEIT

Erotik, so ein Insider, sei mittlerweile zu einem Aushängeschild der Gay Community geworden. Jung, dynamisch und attraktiv muß man sein, um in „der Szene" mitzuhalten, in der viel über Kleidung und Aussehen ausgedrückt wird. Nicht von ungefähr hat die Werbebranche in der letzten Zeit die Schwulen als Zielgruppe entdeckt.

Schwuler und lesbischer Sex – das ist eine der Errungenschaften der letzten Jahrzehnte – wird heute offener ausgelebt, obwohl die Seuche Aids auch in Berlin zunehmend ihre Spuren hinterläßt. In der Szene weitverbreitet ist nach wie vor der anonyme Sex: flüchtige sexuelle Begegnungen, die an anonymen öffentlichen Orten ausgelebt werden, in Cruising-Parks, Diskotheken, Kinos, Saunen und öffentlichen Toiletten. Selten entsteht daraus etwas „Dauerhaftes". Nirgendwo in Deutschland kann man sein Schwul- oder Lesbischsein so ausleben wie in Berlin. Wer darauf weniger steht, der hat in der Stadt genügend Möglichkeiten, auch auf andere Weise Kontakte zu knüpfen.

Tücher, die mehr verraten: Wer treibt's wie am liebsten? Farbige Taschentücher verraten es. Wer's in der linken Hosentasche trägt, steht aufs „Aktive". Wer ein Tuch in der rechten Hosentasche zeigt, outet sich für Insider als „passiv". Um den Hals getragen, signalisiert das Tuch: „sowohl als auch". Code-Farben geben Aufschluß über sexuelle Vorlieben:

Weiß bevorzugt Handbetrieb.
Braun mag's „dirty".
Rot liebt „Fisting".
Rosa zieht den Dildo vor.
Schwarz steht – natürlich – für S/M.
Hellblau steht für Oral-, dunkelblau für Analverkehr.
Grün bedeutet: Stricher.
Oliv steht auf Uniformen.
Senf verspricht: großer Phallus.
Rost bevorzugt flotte Dreier.
Tüll steht für Travestie.
Teddybär am Revers bedeutet: Ich steh' auf Kuschelsex.

SCHWULE CLUBS, BARS UND CAFÉS

Schwules Leben spielt sich in Berlin nicht nur in den einschlägigen Bars und Kneipen ab. Fast alle „angesagten" Läden der Stadt werden auch von Homosexuellen besucht. Das gilt vor allem für die „Techno-Szene", da Gays einen wesentlichen Teil der „In-Crowd" ausmachen. „Wenn man in dieser Stadt noch jemanden kennenlernen will, dann kommt man an den Techno-Läden ja kaum noch vorbei", klagte unlängst ein schwuler Bekannter.

Natürlich gibt es aber auch eine exklusiv schwule Szene im Berliner Nightlife. Sie konzentriert sich im wesentlichen auf Schöneberg und den Prenzlauer Berg.

Das schwule Herz der Gay Community in West-Berlin schlägt rund um die Fuggerstraße. Die einschlägigen Läden befinden sich vor allem in der Fugger-, der Kalckreuth- und der Motzstraße.

Ausschließlich gay, überwiegend jung und in Leder gehüllt ist das Publikum in **Tom's Bar** in der Motzstraße. Die Location ist nicht nur Diskothek, sondern hat für anonyme Sexspielchen auch einen Darkroom vorzuweisen. Auf Videoschirmen und einer Großbildleinwand flimmern Pornos, Musik- und Zeichentrickfilme.

Eine Parallelstraße weiter, in der Fugger-, zwischen Kalckreuth- und Eisenacher Straße, finden sich gleich mehrere bekannte Gay-Lokale. Die **Pinocchio Bar** und das direkt daneben gelegene **Tabasco** gehören zu den Lokalitäten, in denen Lust auch käuflich zu erwerben ist, denn auch Stricher verkehren hier.

Am westlichen Ende der Fuggerstraße, zwischen der Welser und der Ansbacher Straße, liegt der **Knast**, „Europas bekannteste Lederbar". Wie der Name schon andeutet, ist das Etablissement im Gefängnisstil eingerichtet. Die Barkeeper sind von den Gästen durch Gitterstäbe getrennt. Hier finden sich jede Menge „harter Jungs" in Chaps und/oder Uniform. Fast jeden Tag ist im „Knast" Betrieb, das gilt vor allem für den Darkroom. Strictly gay, versteht sich!

Schräg gegenüber liegt das **Connection**, eine „der" Schwulenbars und Diskotheken der Stadt und schon fast ein schwules Entertainment-Unternehmen. Auch hier trägt das Publikum bevorzugt Leder oder Jeans. Die Diskothek ist in Schwarz gehalten und verspiegelt. Die Musikfarbe: Techno. Im Keller befindet sich das „Twilight Zone", eine Leder- und Jeans-Bar. Daran grenzt über drei Stockwerke die „Connection Garage" mit Sex-Shop an. In ihrer Eigenschaft als größtes Cruising-Kino Berlins ist sie ein beliebter und gern genutzter Ort für anonymen Sex (freitags und samstags geöffnet). Auch hier gilt: For men only!

Nicht weit von der Diskothek entfernt, in der Martin-Luther-Straße, liegt das **Berlin Connection Café und Bistro**. Das Publikum dort ist jung bis mittelalt und – wie auch im Schwesterladen – überwiegend in Leder und Jeans gehüllt. Auch die schickere Fraktion findet sich hier allerdings ein zu Kaffee, Kuchen oder einem Bierchen. Das Ambiente ist in Blau-Grau gehalten, die Einrichtung stilvoll, mit vielen Spiegeln und Backsteinen. Im Sommer läßt sich auch die Terrasse des Cafés nutzen, das täglich geöffnet ist.

Etwas gediegener geht es im **Lenz** zu. Die „In-Bar" in der Eisenacher Straße zieht ein Publikum an, das sich eher intellektuell gibt und schick auftritt. Ein guter Ort für Diskussionen und Flirts in hellem Ambiente. Hier läßt sich auch unbefangen Backgammon spielen und dabei einer der 125 verschiedenen Cocktails schlürfen, die das Haus zu bieten hat.

Eine Altberliner Kneipe, die nach wie vor als beliebter Treffpunkt der Schwulenszene gilt, ist **Andreas' Kneipe** in der Ansbacher Straße, neben dem KaDeWe. Das Publikum hier ist als „leger" zu bezeichnen und von Touristen durchsetzt. Auch Heteros und Lesben werden bedient.

Das **Melitta Sundström** hat seinen Sitz im selben Gebäude wie das Schwulenzentrum „Schwuz", das erst vor kurzer Zeit aus den Räumen in der Hasenheide an den Mehringdamm gezogen ist. Das „Sundström" lockt Besucher nicht nur mit wechselnder Kunst an den Wänden, es läßt sich hier auch prächtig plaudern und flirten – vor allem im Sommer, wenn sich der Hofgarten nutzen läßt und vor dem Café vorbeiflanierende Passanten beobachtet werden können. In den Räumen des „Schwuz" wird regelmäßig Partytime eingeläutet. Jeden ersten Freitag im Monat läuft hier im „Club 69" Retro-Musik. Sonnabends werden ab 23 Uhr offene Disko-Abende veranstaltet. Gelegentlich finden hier auch Safer-Sex-Partys statt.

In der Oranienstraße 190, ist das **SO 36** gelegen. Mittwochs ist dort von 22 bis 6 Uhr schwul-lesbische Disko, sonntags werden mit schöner Regelmäßigkeit schwul-lesbische Tanzabende angeboten. Sonntags ab 19 Uhr wird im „Café Fatal" zum schwul-lesbischen Tanzball gebeten.

Eine andere Kreuzberger In-Bar ist das **Café Anal** in der Muskauer Straße. Das schwul-lesbische Publikum ist überwiegend als „alternativ" einzuordnen. Im „Anal", das von vier Schwulen und Lesben geführt wird, finden regelmäßig Veranstaltungen statt. Zu den Attraktionen des Cafés zählt auch die Muschel-Theke. Montags ist das „Anal" ausschließlich Frauen vorbehalten.

Auch in der Gay-Szene tobt ein Großteil des lockeren Lebens mittlerweile im Ostteil der Stadt. Vor allem der Prenzlauer Berg wird immer mehr zur In-Adresse.

Die **Schoppenstube** in der Schönhauser Allee ist die älteste Gay-Bar im Osten Berlins und in der Szene nach wie vor beliebt. Das Haus bietet dem Besucher zwei Bars, eine davon ist im Keller gelegen, und eine kleine Tanzfläche. Ansonsten ist das Ambiente schummrig. Die überwiegend jungen Gäste vertreten alle Stilrichtungen. In der Enge kann man gut Kontakte knüpfen. Ein Billardraum ermuntert auch zu anderen Spielchen.

Die schwule In-Bar im Prenzlberg ist das **Schall und Rauch** in der Gleimstraße. Modern und minimalistisch eingerichtet, besticht die Bar vor allem durch ihre Innenarchitektur. Das „Schall und Rauch" ist täglich geöffnet und immer gut besucht. Für das fast ausschließlich schicke schwule Publikum ein idealer Ort zum Flirten, zum Beispiel über einem edlen Tropfen oder beim Salat.

Gleich um die Ecke, in der Rhinower Straße, liegt das **biz-Café**. Wie der Name schon sagt, ist das Café Sitz eines schwul-lesbischen Informationszentrums und Domizil des Ost-Berliner „Sonntags-Clubs". Die Tradition des Vereins, der sich selbst als „Berliner Vereinigung lesbischer, schwuler, bi- und transsexueller Bürger und Bürgerinnen" definiert, reicht bis in DDR-Zeiten zurück. Angeboten werden hier Beratung und Hilfestellung, beispielsweise zum Thema Coming-out und Transsexualität. Das „biz-Café" bietet aber auch einen Info-Pool mit aktuellen Zeitschriften, Anschlägen und einer Bettenbörse, die preiswerte Übernachtungsmöglichkeiten in der Stadt vermittelt.

Das „biz" ist regelmäßiger Treffpunkt verschiedener schwuler und lesbischer Selbsthilfegruppen. Daneben wird ein wechselndes Kulturprogramm angeboten. Es umfaßt Ausstellungen, Lesungen, Diskussionsveranstaltungen und Video-Abende. Jeden Freitag ist „women only" angesagt. Einmal im Monat treffen sich schwule Männer im „biz" zur Safer-Sex-Party.

Auch **Die Busche** in der Mühlenstraße hat DDR-Tradition. Die Besitzerin Conny führte die beliebte Disko schon zu Honeckers Zeiten. Auf Zelluloid gebannt wurde das Lokal in Heiner Carows Kultfilm „Coming Out". Seit 1993 ist die Diskothek in neue Räume in Friedrichshain umgezogen. Die Tanzfläche ist groß und und hell, hinten gibt es einen Barraum mit Stehtischen. Das Publikum ist schwul-lesbisch und jung. Einmal im Monat gibt es hier eine Party oder Show. Die Musik wird dominiert von „Oldies But Goldies" und Chart-Titeln, Techno ist hier weniger zu Haus.

CRUISING-TREFFS ZUM FLIRTEN UND MEHR

Das Cruisen – das Durchkreuzen von Parks und Plätzen auf der Suche nach einem flüchtigen Sexualpartner – gehört von jeher zum Bereich schwuler Erotik. Einige Cruising-Areas wie etwa der Tiergarten mit seiner „Tuntenwiese" am Großen Stern sind selbst Touristen bekannt und kaum zu übersehen. Schließlich stößt man dort überall auf Männerpaare, die sich im Park auf die eine oder andere Weise vergnügen. Andere Cruising-Areas liegen versteckter.

Historisch herzuleiten ist das Cruisen aus der Zeit, in der Homosexuelle durch den gesellschaftlichen Druck zu einem Doppelleben und damit zu verdecktem Sex gezwungen waren. Ein solcher „warmer Sammelplatz", an dem Homosexuelle nach Partnern für die Lust Ausschau hielten, wurde bereits 1846 in der Schrift eines Polizisten erwähnt. Es handelte sich dabei um das Kastanienwäldchen hinter der neuen Wache und den Karpfenteich im Tiergarten.

Auch heute noch besitzt anonymer Sex, selbst in Zeiten von Aids, für viele Schwule einen eigenen Reiz. Einer der größten und bekanntesten Cruising-Parks Berlins ist der Tiergarten. Insbesondere in der Gegend um den Großen Stern und die Siegessäule herum treibt nicht nur bei Nacht das schwule Leben exotische Blüten. Zentrum der „Anmache" ist die Löwenbrücke.

Andere beliebte Cruising-Areas sind der Volkspark Wilmersdorf, der Volkspark Friedrichshain, der Viktoriapark auf dem Kreuzberg, der Körnerpark in Neukölln, der Preußenpark und der Park am U-Bahnhof

Turmstraße. Auch der Grunewald hat seine Cruising-Area. Sie ist in der Nähe des Auerbachtunnels gelegen, ungefähr 200 Meter vom Pappelplatz entfernt.

KLAPPEN – ANONYMER SEX IN DER ÖFFENTLICHEN TOILETTE

Die sogenannten Klappen sind nach wie vor zentrale Orte des flüchtigen schwulen Sexerlebnisses. Es handelt sich dabei um öffentliche Toiletten, die in der Szene einschlägig bekannt sind. In einigen davon verkehren auch Stricher. Vor allem nachts sind die meisten von ihnen gefährliche Orte, da sich dort auch homophobe Schläger herumtreiben, die nur auf eine Gelegenheit warten, ihre Aggressionen an Schwulen auszulassen.

Stadtbekannte Klappen sind beispielsweise die öffentlichen Toiletten am U-Bahnhof Mehringdamm, am Hermannplatz und am U-Bahnhof Kottbusser Tor. Natürlich zählen dazu auch die öffentlichen Toiletten in den Cruising-Parks. Hier wären vor allem die Klappe im Preußenpark, die im Viktoriapark (Kreuzbergstraße, Ecke Katzbachstraße) und die beiden öffentlichen Toiletten im Friedrichshain zu nennen. Eine davon liegt an der Friedenstraße, Ecke Landsberger Allee, die andere am Märchenbrunnen.

Sämtliche Klappen der Stadt sollen hier nicht im einzelnen aufgeführt werden, dafür sei auf die einschlägigen Szene-Führer verwiesen. Nur eines noch: Entlang der U-Bahnlinie 1 sind fast alle öffentlichen Toiletten Orte des anonymen Sex. Und – man höre und staune – auch an Horten des Wissens wird „Klappen-Sex" praktiziert: Die Männerklos in der Staatsbibliothek Unter den Linden und die Stadtbezirksbibliothek in der Brunnenstraße werden gern dafür genutzt.

SAUNEN FÜR „MEN ONLY"

Schwule Erotik – das weiß wohl jeder – spielt sich nicht nur in Clubs und Bars ab. Wegen ihrer intimen Atmosphäre beliebte Anmachplätze sind auch Saunen und Dampfbäder. Und das nicht erst seit der berühmten „Schnecken-Szene" in Stanley Kubricks Historienschinken „Spartacus", in der Laurence Olivier dem jungen Toni Curtis beim Baden feucht-schwule Avancen macht.

Natürlich hat Berlin als Gay-City mehrere Saunen vorzuweisen. An dieser Stelle seien die größten genannt.

Eine gute Gelegenheit, den eigenen Körper zur Schau zu stellen, bietet sich beispielsweise in der **Apollo City Sauna** in der Schöneberger Kurfürstenstraße. Neben der eigentlichen Sauna gibt es dort eine „Spielwiese", ein Restaurant, ein Fitneß-Center und Privatkabinen. Auch Massagen werden angeboten.

Über zwei Stockwerke erstreckt sich die **Gate Sauna** in der Wilhelmstraße. Oben whirlt man im Whirlpool oder amüsiert sich in der Trocken- und Dampfsauna. Unten finden sich ein Massageraum, ein Solarium, ein Videoraum und – natürlich – Kabinen. Die Sauna verfügt auch über ein lebhaftes Barleben.

In der **Treibhaus Sauna** in der Schönhauser Allee wird dem schwulen Mann unter anderem eine Trockensauna, eine Dampfsauna, ein Whirlpool und ein Solarium geboten. Wer nicht nur zum Saunen und Staunen kommt, der kann sich in der Dark Area des Hauses vergnügen. Ein Pornofilmraum sorgt nicht nur für feuchte Träume.

ANDERE „SCHWULE ORTE" ZUM KENNENLERNEN

Wer schwul ist, aber nicht unbedingt ein Freund des anonymen Sex, dem bietet sich in Berlin eine Unzahl von Clubs und Anlaufstellen, wo „man" sich auch in ungezwungener Umgebung kennenlernen kann. Das Angebot ist breitgefächert.

Großer Beliebtheit erfreuen sich beispielsweise die schwulen Sportvereine. Es gibt aber auch schwule Gesangsvereine, schwule Ausgehgruppen und vieles mehr in der Stadt. Ja, sogar einen schwulen Segelclub hat Berlin zu bieten. Wer sich einen Überblick über das Angebot verschaffen möchte, dem sei ein Blick in die Schwulenpresse oder auf die schwarzen Bretter der hiesigen Schwuleninitiativen empfohlen.

Die **Heavy Teddies** wenden sich an „dicke, behaarte Männer" oder an solche, die sich von ihnen angezogen fühlen. Der Club trifft sich regelmäßig jeden zweiten Samstag im Monat zum gemütlichen Kaffeeklatsch im „Memory" in der Schöneberger Fuggerstraße. Die Clubmitglieder pflegen ein aktives Gesellschaftsleben, sie gehen zusammen in die Sauna, veranstalten Ausflüge, machen Wanderungen und mehr.

Weniger kuschelig mögen es die Mitglieder des **Motorradclub Lederbären Berlin** – laut Selbstdarstellung eine „Gruppe schwuler Männer, die dem Motorradfahren verfallen sind". Die schwulen Motorradfreaks schwingen sich regelmäßig an jedem ersten und dritten Samstag im Monat auf ihre Maschinen, um die Gegend unsicher zu machen.

GAY PRIDE DAY

Groß, bunt und schrill präsentieren sich alljährlich Ende Juni die Berliner Lesben und Schwulen auf dem Christopher Street Day, dem traditionellen Feiertag der Homosexuellen-Bewegung.

Optisch fährt die Szene auf, was sie zu bieten hat. Da stolzieren Drag-Queens auf Plateausohlen neben Rokoko-„Damen", Ledertrinen und buntgekleideten Rollschuhfahrern einher. Die Phantasie kennt auf dem „CSD" keine Grenzen, und entsprechend ausgelassen ist die Stimmung. Schwule Polizisten sind hier ebenso vertreten wie Techno-Kids. Eröffnet wurde die Parade 1999 übrigens von Michaela Linder, der transsexuellen Ex-Bürgermeisterin aus Sachsen-Anhalt.

Auftakt der schwul-lesbischen Parade ist das Straßenfest rund um den Nollendorfplatz und die Motzstraße. Am Rande des Umzugs, der sich mit rund einer Viertelmillion Teilnehmern quer durch die Stadt vom Kurfürstendamm über den Großen Stern und durch das Brandenburger Tor zum Bebelplatz vor der Staatsoper bewegt, stehen staunende und kopfschüttelnde Touristen. Die heitere Parade, die auf den ersten Blick kaum von der „Love Parade" zu unterscheiden ist, hat einen ernsthaften Hintergrund. Zum „Christopher Street Day" gehen Lesben und Schwule auf die Straße, um auf sich aufmerksam zu machen und zu zeigen, wie groß ihre Gemeinde ist. Der „CSD" erinnert an ein historisches Datum: Am 28. Juni 1969 wehrten sich Schwule und Lesben nach einer Razzia in der Christopher Street in New York erstmals gegen polizeiliche Willkür.

Tausende von Menschen nehmen jedesmal an der Parade teil und feiern ausgelassen auf den Straßen wie auch in den Clubs, so z.B. im „SO 36", „WMF" oder „Schwuz", in der „Kalkscheune" und dem „Oxymoron", den „Gay Pride Day"!

S/M-City

„Je weniger ich gebe, desto mehr bekomme ich dafür." Dieses Zitat aus dem Kultfilm „Die flambierte Frau" trifft als Kernaussage den Nerv sadomasochistischer Beziehungen und ist, so ein Insider der Szene, „S/M in Reinkultur".

Das Zitat drückt zugleich aus, daß S/M nicht unbedingt viel mit dem zu tun hat, was in letzter Zeit darüber gern auch in den Berliner Massenmedien publiziert wurde und was sich teilweise wie Auszüge aus modernen Schauerromanen liest. Da plaudern Hauptstadt-Dominas aus der Praxis, und Reinickendorfer Windel-Fetischisten berichten von ihrem Coming-out. Ex-Sklaven erzählen exklusiv davon, wie sie sich aus den Fesseln ihrer dominanten Gebieter oder noch besser Gebieterinnen befreiten, und Reporter berichten aus dunklen Folter-Kellern, in denen durchgeknallte Stadtneurotiker ihren ins Perverse verlagerten Trieben freien Lauf lassen. Der Leser schüttelt den Kopf und dennoch: Ein leiser Schauer der Wollust läuft so manchem dabei über den Rücken.

Sadomasochismus und Fetischismus als sexulle Erscheinungsformen sprengen in unserer „aufgeklärten Welt" immer noch überkommene Wertvorstellungen. Gerade deswegen sorgen sie andererseits aber auch für den Extra-Thrill angesichts einer allgegenwärtigen Reizüberflutung, die offenbar auch die sexuellen Sensoren abstumpfen läßt.

Zwiespältig stehen deshalb selbst die aufgeklärtesten Großstädter der „Schwarzen Szene" gegenüber. Auf der einen Seite regen sich Abscheu und Ekel, auf der anderen Seite Neugier, die Phantasie spielen zu lassen und die Lust, was Neues auszuprobieren. Nicht umsonst stürzen sich viele Intellektuelle darauf und untermauern so einen Trend, der bereits seit längerer Zeit anhält: Der Hang zu Latex und inszenierter Lust ist en vogue – auch oder gerade in Berlin, dessen Subkultur sich ja gern zur internationalen Avantgarde rechnet. Um sich von der Masse abzuheben und im Großstadtdschungel etwas zu erleben, rennt der Versicherungsvertreter ebenso wie die Studentin, die Bankangestellte ebenso wie der Rechtsanwalt zu Fetisch-Partys oder trifft sich mit Gleichgesinnten in sinistren Bars, von denen die Berliner S/M-Kultur einige zu bieten hat.

Vor allem im Osten Berlins gibt es noch genügend ruinenartige Kellergemäuer, die sich hervorragend als Locations für solche Zwecke nutzen lassen. Das hat nicht nur die Techno-Gemeinde entdeckt. Allerdings weiß man nie, wie lange solche Orte als In-Adresse existieren, das macht ja auch ihren Reiz aus: die Aura des Flüchtigen und Geheimen. „Der Bunker" in der Albrechtstraße beispielsweise, lange Zeit einer der Technotempel der Stadt und auch regelmäßiger Veranstaltungsort für Fetisch-Feten, ist mittlerweile geschlossen.

Die „Schwarze Szene" gibt sich exklusiv. Es gibt nur wenige Läden, und in diese kommt man nur nach strenger Türkontrolle und in der Regel nur im „Outfit" rein. Dazu später jedoch mehr.

EROTIK, DIE DURCH DIE „ZWEITE HAUT" GEHT

Ein Großteil der Erotik im S/M-Bereich definiert sich über Kleidung und das entsprechende Zubehör wie Handschellen, Peitschen, Sporen, Kerzen etc. Bevorzugte Materialien – das weiß wohl jeder – sind Leder, Latex und Lack. Fetischisten beispielsweise „können" in der Regel gar nicht ohne eine solche Hülle oder einen bestimmten Gegenstand.

Schon seit den New-Wave-Zeiten, spätestens jedoch seit die „Club Wear" der Techno-Kids die Boutiquen und Fashion Stores der Stadt füllt, ist die Kleidung der Sadisten, Fetischisten und Schwarzen Kultisten auch auf der Straße zu sehen. Einzelstücke wie Lackhosen hängen heute in fast jedem Berliner Kaufhaus auf der Stange. Star-Designer wie Gaultier haben selbst das Latex in die Modeszene ein- und somit aus der Subkultur herausgeführt.

Der „Schock-Effekt", das Provozierende, das lange Zeit mit dieser Kleidung assoziiert wurde, ist deshalb mittlerweile ziemlich verblaßt. Leder, Lack, Samt und vor allem Latex sind – wenn man drauf steht – Erotik pur. Rock- und Popstars wie etwa die Ost-Berliner Rockröhre Nina Hagen haben das schon lange für sich entdeckt. Wahre „Szenegänger" ergötzen sich aber weniger an Designer-Fabrikaten oder Schnitten. Die Materialien selbst sind für sie erregend. Sie liegen auf dem Körper wie eine zweite Haut und lassen sämtliche Konturen zur Geltung kommen. Gummifetischisten schätzen am Latex nicht nur den Geruch, sondern auch das Gefühl und die Wärme, die das Material vom Körper aufnimmt.

Mehr noch als die Kleidung erregt Insider jedoch die Situation, in der sie getragen wird, die Inszenierung. Ob sakrale Gruften, „Klinikraum" oder Mauerverlies, alles kann antörnen, wenn man es mag sogar der Spaziergang in Latexhose über die „Wilmersdorfer".

DIE LUST AM SCHMERZ

Lust und Schmerz liegen eng beieinander. Diese Erfahrung hat wohl schon jeder gemacht. Heftiger Sex, Fesselspielchen oder obszöne Beschimpfungen – sie besitzen ihren eigenen Reiz beim Liebesspiel. Der „Normalo" denkt bei S/M-Sex jedoch an etwas anderes: An Auspeitschen, Nadeln und perverse Folterspielchen.

Daß das der Realität nicht unbedingt nahekommt, weiß erst, wer mit Aktiven der Szene spricht. „Sadomasochismus hat nicht unbedingt etwas mit Schmerz und überhaupt nichts mit Brutalität zu tun", erläutert etwa Roy, einer der Besitzer des Charlottenburger Szene-Cafés „Small-Talk". Er hat vielmehr damit zu tun, so Roy, sich intensiv mit dem Körper und Empfinden des Partners oder der Partnerin zu befassen. „S/M ist ein schönes Pendant zum Normalsex und hat auch viel mit dem Kopf zu tun."

Die Übergänge zwischen „Blümchensex" und S/M sind für die meisten Praktizierenden fließend. Ebenso wie Schmerz in feinen Abstufungen auftritt, ausgehend von leichten Erregungsschauern, die schon ein Gänsekiel auslösen kann, bis zu Extremformen, die etwa Elektroschocks oder Nadeln hervorrufen. Nicht jeder kann dabei Lust empfinden. Ein amerikanisches Sex-Lexikon schlägt folgendes Experiment vor, um zu testen, ob man masochistisch veranlagt ist: Hände hochhalten, die Sinne schärfen und die Hände dann für ungefähr fünf Sekunden zusammenschlagen. Falls sich eine prickelnde Erregung einstellt, so die Verfasserin, sei eine masochistische Veranlagung gegeben. Wohlan!

Während leichte Formen des Schmerzes in Verbindung mit Sex für viele noch als Erotikerlebnis nachzuempfinden sein mögen, sieht die Sache bei Fetischismus in der Regel anders aus. Hier geht man davon aus, daß eine frühkindliche Prägung dazu geführt hat, daß der Fetischist ohne einen bestimmten Gegenstand, der ihn in eine spezielle Situation zurückversetzt, keine Erregung fühlen kann. Auch hier gibt es natürlich viele Abstufungen. Es gibt den Windelfetischisten, der nur zum Orgasmus kommt, wenn er in das weiße Babytuch eingeschlungen daliegt, den Gummifetischisten, den es erregt, wenn er vollständig in Gummi gehüllt ist, den Fuß- oder Schuhfetischisten, den Schweißfetischisten, den Strumpf-Fetischisten und so weiter.

Die Übergänge zwischen Fetischismus und Sadomasochismus sind nicht scharf gezogen. Mancher Gummifetischist liebt den Schmerz, und manchem Sadisten verschaffen rote Fingernägel oder lange Handschuhe den Extra-Thrill.

„Erotik ist für mich wie Wasser, einfach fließend", so ein bekennender Gummifetischist aus der Berliner Szene. „Man kann sie nicht so einfach in Schubladen stecken und kategorisieren. Es gibt alle möglichen Variationen. Besonders schlimm sind Vorurteile: Zu meinen, wer Gummi trägt, schlägt auch seine Frau, ist wirklich schwachsinnig."

VON DUNKLEN GEWÖLBEN UND „SCHLIMMEN" SPIELEN ...

Berlin bietet demjenigen, der danach sucht, diverse interessante Orte, um sadomasochistische oder fetischistische Neigungen auszuleben. Allerdings muß man genauer schauen, denn die Szene gibt sich – wie bereits erwähnt – exklusiv. An dieser Stelle seien die Läden – sozusagen als Geheimtip – vorgestellt. Ob man allerdings hineinkommt, entscheidet vor allem das Outfit.

Nicht weit von der Charité entfernt, der legendären Berliner Klinik, in der schon Rudolf Virchow lehrte und Sauerbruch so manchen Lungenraum öffnete, liegt der größte private S/M-Club der Stadt: **Cassandras Catacombe**.

Wer's endlich gefunden hat, dem öffnet eine Sklavin oder gar die Hausherrin selbst die Tür. Nur wer korrekt gekleidet ist, im Outfit oder zumindest im eleganten Kleinen Schwarzen, und auch sonst nicht durch rüdes Benehmen auffällt, wird eingelassen in das Reich der Cassandra.

Eine schmale Stiege führt hinab in ein mittelalterlich anmutendes Gewölbe, und dann tritt man ein: Sakrale Musik ertönt, und Kerzenlicht erhellt den Raum aus unbehauenem Stein. Gleich links am Eingang ist ein kleines Verlies, in dem vielleicht gerade ein Sklave, an diversen Ösen mehrfach angebunden, „vor sich hin leidet". Ein roter Teppich weist einem den Weg, bis sich linker Hand der „Technikraum" auftut. Beherrscht wird dieser durch ein großes Drehkreuz, an dem sich besonders Wagemutige festschnallen und drehen lassen können. Alles weitere bleibt der Phantasie überlassen – wie alles bei Cassandra. Beruhigend allerdings: Das Drehkreuz ist mit einer Handbremse versehen. In diesem ersten Aktionsraum des Kellergewölbes befindet sich auch noch ein ausfahrbares Gehänge mit Ledergeschirr. Wie alle Räume hier läßt sich auch der „Technikraum" durch eine verschiebbare Trennwand vor allzu neugierigen Blicken abschirmen. Geradeaus geht's weiter zur Straf-Bar, an der vielleicht gerade eine bizarre Nachtgestalt sitzt: vollständig in Latex gehüllt, nur die Augen schauen aus einer Maske heraus. Vor dem Mund ein Schnorchel. Wie trinkt sie nur den Drink, der vor ihr steht?

Rechts von der Bar sieht es relativ entspannt aus. Im sogenannten Gesellschaftsraum ist Platz, um Hemmungen abzulegen, zum Quatschen oder zum Entspannen. In kleinen Wandverliesen rütteln S/M-Barbies an ihren Gitterstäben. Doch niemand läßt sie heraus. Sie sind für immer hier gefangen. Auch die Gäste, die sich in diese Nische zurückgezogen haben, wissen: Es gibt kein Entrinnen.

Spanner haben hier nichts zu suchen. Wer hierher kommt, der sollte auch in Aktion treten.

Weiter dem roten Teppich folgend, gelangt man in den nächsten „Aktionsraum". Zentral im Raum steht ein Pranger nebst einer Bank, an der Zofen und Sklaven in allen möglichen Positionen angeknebelt werden können, bei Bedarf sogar – der Name verrät's – an der „Straf-Bar". Auch ein Andreaskreuz findet sich hier, und – über den Raum verteilt – verschiedene wegklappbare Holzpritschen sowie ein Tisch, der sich auch zur Schaukel umfunktionieren läßt. Viel Spaß!

Links an die „Straf-Bar" schließt sich ein weiterer Raum an, der wiederum abteilbar ist. Hier ist vielleicht ein Pärchen auf der Streckbank zugange, sie mit verbundenen Augen, gefesselt, er mit einer tropfenden Wachskerze über sie gebeugt. Eine „Quadriga", ein Kreuz und ein Verlies bieten Raum und Gelegenheit zu allerlei Experimenten.

Die „Catacombe" in der Eichendorffstraße besteht seit 1997 und gilt seitdem als Insider-Tip. Einen Teil der Atmosphäre, die die Besucher hier vorfinden, macht Cassandras Geschäftspolitik aus, nur Pärchen oder Single-Frauen einzulassen. Voyeure, vor allem wenn sie dann noch Hand an sich legen, haben bei ihr nichts zu suchen. Darauf legt sie Wert, ebenso wie auf ein gewisses Niveau. Die Atmosphäre im Club ist intim und läßt Platz für Inszenierungen. Maximal vierzig Personen werden eingelassen.

Die Klientel, die sich hier samstags ab 21 Uhr einfindet, ist gemischt. Die Altersverteilung reicht von 28 bis 92. Auch beruflich sind hier alle Sparten vertreten.

Cassandra legt zwar Wert auf ein „niveauvolles Publikum", doch ansonsten ist ihr jeder willkommen. Mit einem Augenzwinkern erklärt sie: „Ich ermögliche S/M-Pärchen einen streßfreien Abend ohne Schwiegereltern."

Wie sie denn Romantik definiere? Man höre und staune: „Ein Ritter in glänzender Rüstung auf einem weißen Pferd." Wer das nicht mit S/M in Zusammenhang bringen kann, dem erläutert sie's: „S/M ist für mich wie ein Sonntagskuchen. Du darfst ihn nicht jeden Tag essen, sonst schmeckt er bald nicht mehr."

„Cassandras Catacombe" ist derzeit immer samstags ab 21 Uhr geöffnet. Der Eintritt kostet 20 DM. Die Räume können auch für Privatpartys gemietet werden. Dieser Spaß kostet 25 DM pro Person, mindestens jedoch 150 DM.

Ein kleiner Tip: Besucher sollten relativ früh kommen. Dann ist man noch nicht so erschöpft und kann sich die „Geräte" noch aussuchen. Übrigens: Es gibt auch eine Dusche!

Berlins einziges S/M-Café liegt im gutbürgerlichen Charlottenburg. Wie viele andere Szeneläden ist auch das **SMall-Talk** nicht einfach zu finden. Selbst wer die Adresse kennt, läuft leicht daran vorbei. Die Fenster und die Tür sind abweisend vergittert. Der Einlaß erfolgt nur nach Drücken des Klingelknopfes. Innen wirkt die Bar eher wie die „Kegelstube um die Ecke". Wer nicht darauf gefaßt ist, ist versucht, wieder hinauszugehen. Aber gemach, wir empfehlen: Erst mal hinsetzen und entspannen. Lange wird man hier nämlich nicht unbeachtet in der Ecke sitzen. Der Anspruch, den die drei Inhaber der Kneipe, Micky, Roy und Dirk, an sich und ihr Etablissement stellen, ist nämlich vor allem der, Neulingen den Einstieg zu erleichtern und es ihnen durchs Gespräch zu ermöglichen, Anschluß zu finden.

Nicht der „knallharte S/M-Schuppen" will das „SMall-Talk" sein, sondern ein Ambiente zum Herantasten. Das Konzept scheint zu funktionieren. „Wer sich einmal getraut hat, der kommt meist an mehreren Abenden hintereinander", meint Roy. Das Zielpublikum der Bar definiert er als „alle, die zu Lack, Leder oder Latex" tendieren und die „frivoles Ausgehen" mögen, aber auch „Swinger".

Im hinteren Teil des schlauchförmigen Raumes ist eine Aktionsbühne aufgebaut. Dort prangt nicht nur ein Andreaskreuz, sondern es stehen auch seltsam anmutende Hocker herum. Darauf montiert sind große Gummi-Dildos. Nun denn, wer's mag ...

Vor der Bühne wartet übrigens noch ein Gynäkologenstuhl darauf, benutzt zu werden. Sonntags finden im „SMall-Talk" regelmäßig alle 14 Tage S/M- und Fetischpartys statt. Mit Outfit-Zwang, versteht sich. Geplant ist, das Programm um spezielle Aktionen, Pärchenabende, Live-Performances und mehr zu erweitern. Außerdem soll der Keller zum „Lustgewölbe" ausgebaut werden, mit einem S/M-Kabinett samt Bar und Whirlpool sowie einer separaten „Spielwiese" für „verträumte Abende".

Schon jetzt gilt der Grundsatz: „Hier kann alles passieren – es muß aber nicht." Das „SMall-Talk" ist fast das einzige Café seiner Art in Europa. Nur in Amsterdam gibt's noch ein Gegenstück: das „G-Force".

Sadomasochismus definiert Roy übrigens als „weitere Spielform der Erotik". Vertrauen sei dafür eine wichtige Voraussetzung. Man brauche eine gewisse Zeit, um sich auf den Körper und die Empfindungen des anderen einzustellen. Dann jedoch, erläutert er, kann jedes Erlebnis wie eine kleine Hochzeitsnacht sein. Deshalb, so seine Erfahrung, leben S/M-Paare oftmals auch wesentlich monogamer als andere.

Das „SMall-Talk" ist täglich ab 21 Uhr geöffnet. Der Eintritt kostet bei den Partys 25 DM.

Der **Ex-Kreuz-Club** ist vom ehemaligen Bunker in den Hangar 98 umgezogen und lockt nach wie vor die Fetisch-Anhänger zur Ouvertüre der Lust.

Sie kommen vereinzelt oder in Gruppen, zumeist sind sie schwarz gewandet und in Leder, Latex oder Lack gehüllt. Was sie drinnen empfängt, gleicht einer Gruft: Schummrig ist's hier und intim. Die Wände bestehen aus kaltem Mauerwerk, das nur gelegentlich von rotem Samt umschmeichelt wird.

An der Bar und auf den diversen Sitzgelegenheiten hat sich bereits Szenevolk plaziert. Dazu gehört die schlanke Domina, die ihren muskulösen Sklaven an der Kandare führt und ihn gelegentlich mit der Peitsche streichelt, ebenso wie der glatte Typ im Mantel, der ziemlich einsam in der Ecke sitzt.

Ein junges Mädchen kommt herein. Zu Springerstiefeln und Latexkorsage trägt sie Netzstrümpfe. Über der Schulter einen Rucksack aus Teddy-Plüsch. Zwischen Stiefeln und Pumps krabbelt ein beleibter Mann am Boden herum, mit nichts bekleidet als einem Nasenring.

Bis in die späten Morgenstunden dauern die Partys im „Ex-Kreuz-Club". Fetisch-Fantasy-Outfit ist hier ein zwingendes Muß. Der Eintritt kostet 25 DM, im Vorverkauf 20 DM.

Der Kreuzberger **KitKat-Club** hat in der Szene nicht gerade den besten Ruf: Vom „billigsten Bordell der Stadt" bzw. von der „Herreninfektionskammer" ist leicht spöttisch die Rede. Viele Insider halten sich deshalb fern. Trotzdem kann der Club nicht über Besuchermangel klagen. Die Fetisch-Fantasy-Partys, die hier jeden Freitagabend stattfinden, sind dann doch bei vielen fest im Terminkalender vermerkt.

„Anything goes", könnte das Motto dieser Feten heißen: Möglich ist alles. Jeder treibt's mit jedem und auf alle möglichen Arten. Auf ihre Kosten kommen auch Voyeure. Obwohl der Abend offiziell als Hetero-Event deklariert ist, sind etwa dreißig Prozent der anwesenden Männer schwul. In Leder oder Latex verpackt, entziehen sich jedoch einige der Gäste einer eindeutigen Geschlechtsbestimmung. Schwarzlicht durchflutet den Raum. Neonfarbene Bondage-Puppen beobachten von den Wänden herab das wilde Treiben. Auf der Tanzfläche zucken in Lack und Latex gekleidete Gestalten zu Techno-Musik. In der dunkelsten Ecke des Clubs, hinter Eisenstangen versteckt, befindet sich ein Separée, das zu Bondage-Experimenten ermuntert. Das „KitKat" ist definitiv kein Ort für sensible Gemüter. Wer's jedoch öffentlich und heftig mag, der ist hier an der richtigen Adresse und kann sich bis zum frühen Morgen austoben. Allein, zu zweit oder gleich zu mehreren. Tabus gibt's hier keine. Einlaß jedoch nicht ohne Outfit.

PROFESSIONELLE DOMINAS UND SKLAVINNEN

Etwa 15 S/M-Studios gibt es in der Stadt, zudem unzählige Frauen, die mit roter Lampe im Wohnzimmer zu Dominas und Sklavinnen werden. Die Top-Adresse unter den Studios: **Dominique's Metroon** – seit 17 Jahren im Geschäft. Standort des grausamen Tempels der Lust (Metroon = Tempel in der griechischen Antike) ist das gutbürgerliche Wilmersdorf. Dominique, die das Studio von ihrer Mutter übernommen hat, arbeitet hier nicht mehr. Sie kümmert sich inzwischen vorrangig um die Öffentlichkeitsarbeit in den Medien.

Im „Metroon" warten 16 Mitarbeiterinnen des dominanten und devoten Sektors auf ihre Gäste. Allesamt sind sie Spezialistinnen auf ihrem Gebiet und selber Anhängerinnen eines Fetischs oder bestimmter S/M-Neigungen.

Diskretion am Klingelschild der Erdgeschoßwohnung eines normalen Alt-Berliner Mietshauses muß sein. Verein steht dran. Die aparte Schönheit, die öffnet, führt die Kunden in ein kleines Séparée mit schwarzen Samtvorhängen. Dezente Musik, Kerzenlicht, salzige Knabbereien auf dem Tisch. Hier finden die Beratungen statt. Was wünscht der Gast, wieviel kostet es, wann soll die Leistung erbracht werden? Möglich ist alles, ob sadistisch oder masochistisch, devot oder dominant, soft oder hardcore. Feste Preise gibt es nicht, 150 DM kostet es in jedem Fall, nach oben sind keine Grenzen gesetzt. Die Atmosphäre ist nett und gepflegt. Die Kundschaft – zu 99,9 Prozent männlich.

Hinter geschlossenen Türen befinden sich die Studios oder „Behandlungszimmer". Die weiß geflieste Praxis, Austragungsort der Klinik-Erotik, ist bestückt mit einem gynäkologischen Untersuchungsstuhl, Spritzen, Katheter, Elektroschock-Geräten. Hier werden Bedürfnisse vom einfachen Katheterlegen bis zum Narkotisieren befriedigt; die Dominas sind hier ausgebildete Krankenschwestern.

Die Folterkammer ist ausgerüstet mit Peitschen, einem Stahlkäfig, Streckbank, Bock und Thron. Von der Decke baumeln Hand- und Fußketten sowie eine Schaukel. Will die devote Kundschaft ausgepeitscht werden, dann benutzen die „Metroon"-Mitarbeiterinnen nicht nur Peitschen, sondern Klatschen, weiche Katzen und Gerten. Im Keller liegt das niedrige Klassen- und Verhörzimmer und eine Tür weiter das Verlies mit kleinen Zellen und Lagern aus Stroh.

Den Wünschen der Kunden entsprechend sind die Angebote unterschiedlich, von soft bis extrem. Vom „normalen" Fesseln und Klammern bis zum „extremen" Nadelsetzen und Stimulieren mit Strom. Von der Kundschaft schlägt über die Hälfte die softere Richtung ein, mit den Vorlieben Analerotik, französisch oder Beischlaf. Knapp ein Drittel steht auf strengere Praktiken, möchte entweder gepeitscht werden oder eine Sklavin haben. Jeder zehnte Kunde steht auf die ganz harten Nummern.

Neben dem professionellen Studio ist „Dominique's Metroon" auch ein S/M-Selbsthilfe-Verein mit 18 Mitgliedern. Die Vereinsarbeit gibt es seit etwa sieben Jahren. Jeden ersten Freitag im Monat findet ein besonderes Event statt, die „Gemeinschaftserziehung". Das Programm: Dominas und sündige Sklavinnen führen vor und zeigen Behandlungen in den einzelnen Studios. Jeden zweiten Donnerstag im Monat werden beim „Tea for two" Kaffee, Kuchen und erotische Spielereien in frivoler Atmosphäre von dienstbaren Sklavinnen und Sklaven gereicht. Kommen kann jeder, der auch mitmacht. Voyeuren ist der Zutritt untersagt. Wen's interessiert: Unbedingt telefonisch anmelden! Die Termine werden im „tip" und in der „BZ" bekanntgegeben.

Der Verein berät „Betroffene" beim S/M-Coming-out, klärt auf, was S/M überhaupt ist und gibt Partytips. Auch will der Verein S/M vom hartnäckigen Vorurteil, es sei pervers, befreien und aus der Schmuddelecke herausholen. Daß es natürlich perversen S/M gibt, weiß bei „Dominique's" jede(r). Doch es ist nur eine Minderheit, die darauf steht. Es werden auch S/M-Seminare angeboten, beispielsweise über den Umgang mit der Peitsche. Denn um sich und andere nicht zu verstümmeln, muß man/frau genau wissen, wohin geschlagen werden darf und wohin nicht. Tabu ist der gesamte Kopfbereich, die Nieren- und Lungengegend, außerdem die Gelenkzonen. Gepeitscht wird aus dem Handgelenk – die Spitze muß den Hintern treffen. Vielleicht haben die älteren Generationen in der Schule noch mitbekommen, wie der Rohrstock richtig eingesetzt wird. Wer's nicht weiß, dem wird die Schlagtaktik im Seminar beigebracht. Beim Bondage ist wichtig: Wie fesselt man richtig? Tabu sind auch hier die Gelenkzonen. Bei den Händen dürfen die Knoten nicht auf den Adern sitzen. Angeboten werden auch Profiseminare, zum Beispiel bis zu sechs Wochen Domina-Ausbildung.

Sowohl bei Laien als auch Profis ist der richtige Umgang mit dem Material das A und O. So wird etwa vor unseriösen Videos gewarnt, in denen jemand Nadeln setzt, ohne dabei Handschuhe zu tragen!

Interessant für alle, die die Studios, nicht aber den Sklavinnen- und

Domina-Service nutzen wollen: Die „Behandlungszimmer" werden auch „ohne" vermietet. Egal, ob für die private Erotik oder eine ganz normale Party. Die Kosten nach Tages- und Stundensätzen werden individuell ausgehandelt.

Bekannte Adressen sind auch „Severitas" (Domina mit Sklavinnen), „Studio v. Roth" und „Studio Mac Laine".

Käufliche Liebe

„Was eine Nutte ist, das weiß so ziemlich jeder, der einmal in Berlin war. Es bezieht sich auf gewisse junge Mädchen und ist schon keine Schmeichelei mehr, aber noch keine Beleidigung. Es ist lediglich eine charakterisierende Feststellung." (Curt Morek, Führer durch das „lasterhafte" Berlin, S. 182, Leipzig 1931)

Wie soll man mit käuflicher Liebe umgehen? Ist sie moralisch verwerflich, gehört sie verboten, ist sie nur was für Perverse? Oder erfüllt sie eine nützliche gesellschaftliche Funktion, ist sie eine Dienstleistung unter vielen, gar etwas Selbstverständliches? Eines ist jedenfalls sicher: Gegen Prostitution ist kein Kraut gewachsen. Nicht von ungefähr gilt sie als das älteste Gewerbe der Welt. Dabei war dieses Gewerbe – wie die gesamte Gesellschaft – ständigen Wandlungen unterworfen. So gab es immer wieder eher prüde Zeiten und sehr viel lockere Zeiten. Das obige Zitat von Curt Morek aus dem Jahr 1931 zeigt, daß zu seiner Zeit der Umgang mit Prostitution wohl eher ein lockerer war. Auch heute ist es scheinbar wieder so. Die bereits im Fernsehen aufgetretenen Models, Callboys, Bordellwirte und Pornoproduzenten lassen sich kaum noch zählen. Tageszeitungen und Stadtmagazine sind voll von Anzeigen, die alle Spielarten käuflicher Liebe offerieren. Was vor einigen Jahren als abartig und abnorm galt, wie zum Beispiel Fetisch und S/M, gilt heute als Trend. Sexualität in allen Varianten ausleben, heißt das Schlagwort im modernen Liebesgeschäft. Ob privat und kostenlos zu Hause oder als bezahlte Dienstleistung spielt keine Rolle. Das Ergebnis zählt. Es lebe der „Freizeitpark Sex". Theresa Orlowski ist keine „verkommene Hure", sondern eine clevere Sexunternehmerin. Doch was uns als bunte, lockere Welt des Sex präsentiert wird, ist nur ein kleiner Teil des Sexbusineß. Es kommt beim voyeuristischen Publikum gut an, wenn die straighte, selbstbewußte junge Bordellchefin mit Frauenpower im Fernsehen auftritt und schildert, was für ein klasse Dienstleistungsunternehmen sie mit ihren Mädels betreibt. Da würde ob der vorbildlichen Arbeitsbedingungen sogar die Deutsche Angestellten Gewerkschaft ihr Okay geben.

In dieser heilen Welt des Sexbusineß bietet ein „kleines, unprofessionelles Freundinnen-Team der attraktiven, netten Kollegin (gern Studentin) tagsüber als Gelegenheitsmodell den Höchstverdienst". Da sucht der schwule Masseur eine liebe Mitarbeiterin für erotische Massagen, und die blonde Vanessa bietet Frauen Dildospiele in Lackdessous.

Schön wäre es, wenn das Geschäft so locker liefe. Doch es gibt auch die andere, die brutale Seite des Sexgeschäfts. Nur kommt sie in den Medien weitaus seltener vor. Die geschundene Frau, die von einem brutalen Zuhälter auf den Straßenstrich geschickt wird, ist nicht telegen genug und paßt nicht in das Bild des Freizeitparks. Aber der weitaus größte Teil der Prostituierten arbeitet nach wie vor unter miesesten Bedingungen, ist abhängig vom Zuhälter, sozial nicht abgesichert und gesellschaftlich diskriminiert.

Deutschland ist eines der wenigen Länder, in denen die Ausübung der Prostitution erlaubt ist. Dennoch wird es vom Gesetzgeber nicht als normales Gewerbe betrachtet. Wer auf diese Art sein Geld verdient, hat mit vielen Fallstricken zu kämpfen. So gilt die Prostitution nach landläufiger Rechtsprechung als sittenwidriges Rechtsgeschäft, das angeblich gegen das Anstandsgefühl normaler Bürger verstößt. Damit gilt ein derartiges Rechtsgeschäft als nichtig. Dies hat zur Folge, daß eine Hure oder ein Callboy den Liebeslohn nicht beim Freier einklagen kann. Aus diesem Grund wird bei jeder Liebesdienstleistung auf Vorauszahlung bestanden.

Ein weiteres Handicap besteht darin, daß keine Versicherung bereit ist, Prostituierte gegen Krankheit, Unfall oder Arbeitslosigkeit zu versichern. Manche versuchen diese Klippe mit einer falschen Berufsangabe (z.B. selbständige Gewerbetreibende) zu umschiffen, dies gilt jedoch als Betrug und führt zur Verweigerung der Leistungen.

Obwohl die Prostitution selbst nicht verboten ist, ist es aber die Förderung derselben. Nachzulesen im Bürgerlichen Gesetzbuch unter den Paragraphen „Förderung von Prostitution" und „Zuhälterei". Als „Zuhälter" gilt danach jeder, der im weitesten Sinn den Kontakt zwischen einer Prostituierten und einem Kunden herstellt. Diese Paragraphen verhindern somit auch, daß etwa von Clubbetreibern reguläre Arbeitsverträge abgeschlossen und Prostituierte so in das soziale Netz integriert werden können. Denn de facto stehen Prostituierte, die in einer Bar oder in einem Club arbeiten, in einem Arbeitnehmerverhältnis. Der Arbeitgeber, beispielsweise der Clubbesitzer, bestimmt die Arbeitszeiten, die Leistungen und die Preise.

Auch offene und freie Werbung für Prostitution ist verboten, obwohl die Anzeigenseiten der Zeitungen voll von Annoncen sind. Hierbei muß jedoch ganz genau auf die Wortwahl geachtet werden.

Das Finanzamt hingegen hält sich bei der Prostitution nicht zurück. Wer Einnahmen aus dem Verkauf von Liebesdiensten erzielt, muß diese auch versteuern. Das fällt dann bei der Steuererklärung unter „sonstige Einkünfte". Hierfür wird Einkommenssteuer und zum Teil auch Umsatzsteuer fällig. Wer Prostitutionseinkünfte nicht angibt, begeht Steuerbetrug. Immerhin sind dafür Kosten für Dessous, Kondome etc. als Geschäftskosten absetzbar.

KÄUFLICHE LIEBE IN BERLIN

Berlin nimmt bei der Prostitution in Deutschland eine Sonderstellung ein. Es ist die einzige Großstadt, die keine Sperrgebietsverordnung erlassen hat. Generell kann in Berlin überall – außer vor Kindergärten, Schulen und Kirchen – der Prostitution nachgegangen werden.

In anderen Städten wurde die Prostitution durch eine Sperrgebietsverordnung auf bestimmte Straßen beschränkt. Der Rest des Stadtgebietes ist dann der sogenannte Sperrbezirk. In diesen Städten ist Prostitution nur noch in außerhalb gelegenen Gewerbegebieten oder an Ausfallstraßen möglich. Man verspricht sich davon eine saubere City, doch die Kunden müssen lange Anfahrtswege auf sich nehmen und die Huren als Liebesnest oft einen Wohnwagen an die Straße stellen. Also erschwerte Arbeitsbedingungen.

In Berlin wurde bereits mehrmals die Einrichtung von Sperrbezirken diskutiert, bisher jedoch immer verworfen. Dort, wo massive Probleme auftraten und ein Sperrbezirk gefordert wurde, z.B. beim Drogenstrich rund um die Kurfürstenstraße, wurde bisher versucht, durch andere Maßnahmen (wie etwa Verkehrsberuhigung) die Lage zu entschärfen. Gerade an der Kurfürstenstraße wird auch die Schwierigkeit einer solchen Verordnung deutlich. Auf der einen Seite sind die verständlichen Interessen der Anwohner, die einen Drogenstrich vor der Haustür unerträglich finden. Auf der anderen Seite zeigt die Erfahrung in anderen Städten, daß eine Sperrgebietsverordnung die Probleme nicht entschärft, sondern eher noch verstärkt und neue Probleme schafft.

Obwohl viele Prostituierte gerade in Berlin ihrem Job relativ selbstbestimmt nachgehen und häufig das Gewerbe als Nebenjob betreiben, darf jedoch nicht vergessen werden, daß Prostitution häufig mit Kriminalität einhergeht und viele Frauen brutal zur Prostitution gezwungen werden. Zudem müssen sie meist einen Großteil ihres Verdienstes an Zuhälter oder Bordellbesitzer abgeben. Viele verdienen an der Dienstleistung mit: Der Hotelportier oder der Taxifahrer, der den Tip gegeben hat, der Barbesitzer oder der Zimmervermieter einer Absteige und der Zuhälter.

Ständig besteht auf dem Markt der käuflichen Liebe ein Bedarf nach neuen Prostituierten. In den Ländern des ehemaligen Ostblocks werden Frauen häufig mit falschen Jobversprechen in den Westen gelockt und dann regelrecht an Zuhälter oder Bordelle verkauft. Ihnen wird der Paß abgenommen, mit Abschiebung, Haft oder noch Schlimmerem gedroht. Man sollte nicht die Augen davor verschließen, daß es einen international organisierten Mädchenhandel gibt, bei dem Frauen als reine Ware betrachtet werden und dessen einziges Ziel die Gewinnmaximierung ist. Menschenleben zählen hier nicht. Auch Schutzgelderpressung und Drogenhandel blühen im Umfeld der Prostitution.

Schwierig wird es nur festzustellen, ob das nun die nette Studentin von nebenan ist, die so nebenbei ihr Studium finanziert, oder ob die Frau den Job unter Zwang machen muß. Dieser Problematik sollte sich der Kunde auf jeden Fall stellen. Denn so nett der Besuch bei einer Hure auch sein mag, menschenverachtende und kriminelle Praktiken sollte man auf keinen Fall unterstützen.

SEXARBEIT

Sexarbeiterinnen und Sexarbeiter gehen ihrem Job in Berlin auf unterschiedlichste Weise nach, und die Branche boomt trotz der Angst vor Aids. Egal, ob es die schnelle Nummer im Auto, ein Luxus-Model für die ganze Nacht, S/M-Orgien in einem exklusiven Studio oder der Callboy für alle Gelegenheiten sein soll: In Berlin gibt es alles in tausend Facetten.

Da wäre zum einen der Straßenstrich am Kurfürstendamm, an der

Oranienburger Straße, der Kurfürstenstraße, der Straße des 17. Juni (im Rückgang begriffen) oder am Bahnhof Zoo (Stricher). Auf dem klassischen Straßenstrich fährt der Kunde in der Regel mit dem Auto in Schleichfahrt auf und ab und sichtet das Angebot. Die Mädels am Straßenrand versuchen ihn mit Lockrufen wie „Na Süßer, hast du ein Viertelstündchen Zeit für mich?" oder „Na, wie wärs mit schön Französisch?" zum Anhalten zu bewegen. Hält der Kunde an, wird durch das offene Autofenster verhandelt. Ist man sich handelseinig, wird zugestiegen. Das Geschäft wird zumeist im Auto vollzogen oder, gegen Aufpreis, in einem nahegelegenen Zimmer. Meistens gibt es in der Nähe des Straßenstrichs auch Kontaktlokale, in denen sich die Huren zeitweise aufhalten. Der Kurfürstendamm gilt als edelste Adresse dieser Art der käuflichen Liebe, wobei es sich empfiehlt, zu Fuß auf die Suche zu gehen und die „Zimmer-Variante" zu wählen. Die Preise auf dem Straßenstrich liegen bei 50 bis etwa 180 DM. Männliche Prostituierte suchen sich ihre Freier häufig in einschlägigen Bars.

NIGHTBARS

In Bars kann der Sexkonsument aktiv werden oder auch passiv bleiben. In der Regel ist Eintritt fällig und zwei Getränke „Mindestabnahme". Damit kommt man nicht allzu weit. Die primäre Aufgabe der anwesenden Damen ist es nämlich, den Gast zu einem möglichst hohen Getränkekonsum zu animieren. Dafür erhalten sie Getränkeprovision. Nepp ist allgegenwärtig, und man muß aufpassen, nicht abgefüllt und um einige Hunderter erleichtert zu werden, ohne daß sexmäßig irgend etwas läuft. Saufen kann man schließlich in jeder Kneipe. Leider trinken die anwesenden Damen auch kein Bier. Piccolos oder Cocktails sind das Mindeste, was vom lüsternen Gast erwartet wird. Dafür darf man den Damen sein Herz ausschütten und Blicke auf nacktes Fleisch werfen. Mehr aber auch nicht. Wer mehr möchte, kann in vielen Bars jedoch nach Aushandeln der Konditionen mit einer der Damen irgendwo nach hinten verschwinden. Viele solcher Sexbars gibt es auf der Lietzenburger Straße, zwischen Uhland- und Knesebeckstraße. Hier reiht sich eine Bar an die andere, und vor jeder steht ein Anreißer oder eine Dame, die Kunden hineinlotsen wollen. Ähnlich sieht es rund um den Stuttgarter Platz aus. Beide, Lietzenburger und „Stutti", sind traditionelle Standorte des Berliner Sexlebens.

Häufig werden auch Shows angeboten, bei denen die Gäste schon mal zum Mitmachen aufgefordert werden. Was großspurig als Show angeboten wird, verdient den Namen oft jedoch nicht. Es beschränkt sich etwa auf planschende Mädels in einer mit Schaum gefüllten Badewanne, die ein wenig rumtätscheln und lustvoll stöhnen. Es gibt aber auch einige Bars, in denen es schärfer zur Sache geht. Die Unterschiede bei dem, was als Show geboten wird, sind schon sehr groß. Als eine der besten Adressen gilt das **King George**. Ab 21 Uhr ist alle zwei Stunden „Showtime". Der Eintritt kostet 30 DM. Wen der Getränkekonsum nicht vom Barhocker haut, der kann meist auch weitere Dienstleistungen in Anspruch nehmen. Zu den besten und auch teuersten Showlokalen gehört der **Scotch Club**.

Das **Bon Bon** bietet z.B. den „Non-stop-table-dance – oben ohne – unten nix" im mit viel Chrom ausgestatteten Inneren. Go-Go-Dancing gibt´s auch am Prenzlauer Berg im **Loveboat**. Im **Paradise Club** nennt sich das Ganze „Striptease Non-Stop". Freitags und samstags steht Frauen-Catchen auf dem Amüsierprogramm. Eine stündliche „men-strip-show" wird im **CC 96** geboten. Hier gehen auch Stricher auf Kundenfang.

MODELS, CALLGIRLS UND CALLBOYS

Eine weitere Variante der käuflichen Liebe spielt sich in Privat- oder Modelwohnungen ab. Zumeist mehrere Sexarbeiter teilen sich eine Wohnung zum Zwecke der sexuellen Dienstleistung. Dabei wird häufig im Schichtbetrieb gearbeitet. Leistungen und Preise werden mit den Kunden frei ausgehandelt. Es gibt Adressen vom Luxusappartement bis zur Absteige, von edel bis verranzt, von ganz, ganz teuer bis ganz billig. Dumm ist nur, daß man beim ersten Telefonkontakt nicht sieht, wo man später landet. Daher empfiehlt sich ein möglichst ausführliches Gespräch und genaues Hinterfragen des Ambientes, der Leistungen und Preise. Sonst kann es böse Überraschungen geben. In letzter Zeit bieten auch immer mehr männliche Prostituierte auf diese Art ihre Dienste an. Die einschlägigen Telefonnummern und Angebote finden sich in den Kleinanzeigen der Stadtmagazine „tip" und „zitty" sowie der Tagespresse (z.B. „B.Z." und „Kurier"). Die meisten dieser Angebote richten sich an Männer, hetero- wie homosexuelle. Vereinzelt werden in letzter Zeit jedoch auch gezielt lesbische Spiele inseriert.

Manche Anbieter arbeiten nur außer Haus und kommen zu Haus- oder Hotelbesuchen vorbei. Es gibt die männliche und weibliche Variante. Männliche Callboys bieten ihre Dienste zumeist für Frauen und Männer an. Es gibt praktisch keine Callboys, die nur vom Sex-Service für Frauen leben können. Auf eine Annonce hin stellt der Sexwillige den Kontakt her, der entweder direkt oder über eine Agentur erfolgt. Telefonisch werden Vorlieben und Wünsche, Zeit und Preis etc. vereinbart, und das Model oder der Callboy kommt dann vorbei. Dies ist zwar nicht ganz billig, hat aber den Vorteil, daß man den Ort, an dem man sich trifft, kennt. So weiß man dann zum Beispiel schon mal, daß die hygienischen Bedingungen okay sind und man sich in vertrauter Umgebung bewegt. Ein gewisses Niveau ist in der Regel bei derartigen Models gegeben.

Agenturen, die diese Art der Dienstleistung vermitteln, firmieren als Escortservice oder Begleitagenturen. Es gibt inzwischen einige Escortservices nur für Frauen wie **Les Joulies**.

TEUER-SEX

Wer richtig Geld auf der Tasche hat, kann eines jener Etablissements aufsuchen, in denen nur die blauen Scheine im Bündel regieren. Dafür wird Edles geboten. Man kennt das aus so manchem Tatort-Krimi. Schöne Frauen sitzen im Dutzend an der Bar und warten auf solvente Kunden. Im Keller sprudelt der Whirlpool, und am Pool vergnügt sich ein Paar auf einer Strandliege. Exklusive Einrichtung versteht sich von selbst. Ohne 500 DM in der Tasche braucht man gar nicht erst hinzugehen, und die garantieren gerade das Minimal-Angebot. Neben den Ausgaben für den mehr oder weniger langen Sex ist zumeist auch die Abnahme von mindestens einer halben Flasche Champagner (ab ca. 170 DM) obligatorisch. Der gutbetuchte Geschäftsmann erfährt die Adresse z.B. von seinem Hotelportier. Der Ortsansässige kann versuchen, sich einen Tip vom Taxifahrer – „Meister, fahr mich mal in 'nen schicken Puff" – geben zu lassen. Dann wird aber schon die Anfahrt teuer, denn diese gehobenen Clubs liegen mehrheitlich in den Randbezirken.

Als einer der besten Clubs Berlins gilt das **Bel Ami**. Das Ambiente ist edel, und auf drei Etagen, von der Sauna im Keller über das Schwimmbad im Erdgeschoß bis zu den französischen Betten darüber, kann man sich zu entsprechenden Preisen vergnügen. Schwimmbad bieten auch der **Club Merkur** in Zehlendorf und die **Villa Rudow** im gleichnamigen Ortsteil. Die Preise sind hier ein wenig günstiger. Näher an der City liegen der **Club Relax** in der Nähe des Ku'damms und **Lady Nina** in der Niebuhrstraße. Beide gelten als anspruchsvollere Adressen, die nicht billig sind. Ähnliche Etablissements, in denen die betuchte Frau auf ihre Kosten kommt, sind uns leider nicht bekannt geworden.

Adressen und Register

EROTIK ZWISCHEN BUCHDECKELN

Adam
Gleimstr. 27
10437 Berlin
(Prenzlauer Berg)
Tel. 448 07 67
Mo–Fr 9–20,
Sa 9–16 Uhr *S. 11*

Antiquariat Ars Amandi
Poschingerstr. 10
12157 Berlin (Steglitz)
Tel. 855 34 52
Fax: 85 60 27 27 *S. 9*

Archiv des
Schwulen Museums
siehe Schwules Museum
(Kapitel „Erotik und
Kunst", Öffnungszeiten
identisch) *S. 11*

Archiv für
Sexualwissenschaft
Hannoversche Str. 27
10115 Berlin (Mitte)
Tel. 45 47 36 65
www.rki.de/GESUND/
ARCHIV/HOME.HTM
Mo–Do 10–16 Uhr
S. 12

Dominique's Metroon
Blissestr. 60
10713 Berlin (Wilmers-
dorf), Tel. 822 67 42
S. 10, 43, 100

Galerie Janssen
Pariser Str. 45
10719 Berlin (Wilmers-
dorf), Tel. 881 15 90
www.bodies.de *S. 11*

Hydra
Köpenicker Str. 187-188
10997 Berlin (Kreuz-
berg), Tel. 611 00 23
Fax: 611 00 21 *S. 10*

Prinz Eisenherz
Bleibtreustr. 52
10623 Berlin (Charlot-
tenburg), Tel. 313 99 36
e-mail: prinz-eisenherz@
t-online.de
www.gaybooks.de
Mo–Fr 10–19,
Sa 10–16 Uhr *S. 10*

Sammlung K. *S. 14*

SCHWARZE MEDIEN
Grunewaldstr. 91
10823 Berlin (Schöne-
berg), Tel. 784 59 22
S. 10

Spinnboden
Archiv zur Entdeckung
und Bewahrung von
Frauenliebe e.V.
Anklamer Str. 38
10115 Berlin (Mitte)
Tel. 448 58 48
Mi u. Fr 14–19 Uhr *S. 12*

EROTIK UND KUNST

Arpitam
Tel. 885 47 49 *S. 23*

Bar jeder Vernunft
Schaperstr. 24
10719 Berlin (Wilmers-
dorf), Tel. 883 15 82
S. 26

Bildhauergalerie
Messer-Ladwig
Nollendorfstr. 15
10777 Berlin (Schöne-
berg), Tel. 215 58 70
Mo–Fr 11–19,
Sa 11–15 Uhr *S. 21*

Chamäleon Varieté
Rosenthaler Str. 40-41
10178 Berlin (Mitte)
Tel. 282 71 18 *S. 25*

Chez nous
Marburger Str. 14
10789 Berlin

(Charlottenburg)
Tel. 213 18 10 *S. 25*

Erotik-Museum
Kantstraße/Joachimstaler Straße
10623 Berlin
(Charlottenburg)
Tel. 886 06 66
tägl. 9–24 Uhr
Eintritt: 10, erm. 8 DM
S. 18, 43

Fotostudio Horst Urbschat & Töchter
Kurfürstendamm 173
10707 Berlin (Wilmersdorf), Tel. 880 97 40
S. 22

Friedrichstadtpalast
Friedrichstr.107
10117 Berlin (Mitte)
Tel. 23 26 23 26 *S. 25*

Galerie Eva Poll
Lützowplatz 7
10785 Berlin (Tiergarten), Tel. 261 70 91
Fax: 261 70 92
Mo 10–13, Di–Fr 11–18.30, Sa 11–15 Uhr
S. 20

Galerie Nierendorf
Hardenbergstr. 19
10623 Berlin (Charlottenburg), Tel. 832 50 13
Fax: 312 93 27
Di–Fr 11–18 Uhr u. n. Vereinbarung *S. 19*

Galerie NIL
Grolmannstr. 51
10623 Berlin (Charlottenburg), Tel. 312 73 43
Di–Fr 16–20,
Sa 11–16 Uhr *S. 21*

Galerie Zandi
Mommsenstr. 57
10629 Berlin
(Charlottenburg)
Tel.: 323 55 15
Mo–Fr 11–18.30,
Sa 11–14 Uhr *S. 22*

La vie en rose
Platz der Luftbrücke
im City-Airport Tempelhof, links neben Haupteingang
12101 Berlin (Tempelhof), Tel. 69 51 30 00
S. 25

Lützower Lampe
Witzlebenstr. 38
14057 Berlin (Charlottenburg), Tel. 321 20 97 oder 45 19 94 91 (Karten) *S. 25*

Nutten & Nüttchen
Tel. 693 66 66
S. 24, 29

Schwules Museum
Mehringdamm 61
10961 Berlin (Kreuzberg), Tel. 693 11 72
Fax: 693 40 37
Mi–So 14–18,
Do 14–21, Sa 14–17 Uhr,
Eintritt 7, erm. 4 DM
S. 18

Tanjas Nachtcafé
Kalkscheune
Johannisstr. 2
10117 Berlin (Mitte)
So ab 21 Uhr
Eintritt: 21, erm. 16 DM
S. 26

Wintergarten – Das Varieté
Potsdamer Str. 96
10785 Berlin (Tiergarten), Tel. 23 08 82 30
S. 25

EROTISCHE & ROMANTISCHE ORTE

Ballhaus Walzerlinksgestrickt
Am Tempelhofer Berg 7d
10965 Berlin (Kreuz-

Velotaxi
Tel. 44 35 89 92 *S. 34*

W. Peter
Buckower Chaussee 80
12277 Berlin (Tempelhof), Tel. 721 58 62
S. 34

Yacht Charter & Service
G. Winkler
Berliner Str. 26-27
14467 Potsdam
Tel. 821 46 58,
0171-521 30 89
Fax: 821 66 94 *S. 27*

Yachtcharter P. Weller
Hohenzollernstr. 24
14163 Berlin (Zehlendorf), Tel. 802 81 27,
802 79 89
Fax: 802 70 09 *S. 27*

EROTISCHE KONTAKTHILFEN

Amore
Hohenfriedbergstr. 7
10829 Berlin (Schöneberg), Tel. 261 75 00
S. 38

Antinous
Gabriel-Marx-Str. 5
10245 Berlin
(Friedrichshain)
Tel. 291 16 96 *S. 39*

Aphrodite
Wittfeldstr. 5
13591 Berlin (Spandau)
Tel. 36 71 19 70
Fr u. Sa ab 20 Uhr *S. 38*

Evelyn Bischoff
Kyffhäuser Str. 16
10781 Berlin
Tel./Fax: 215 67 85
S. 40

Ika's Einhorn
Dahlmannstraße 20
10629 Berlin
(Charlottenburg)
Tel. 323 32 59 *S. 38*

Institut für Lebenskunst & Tantra
Wilhelm-Wolff-Str. 5
13156 Berlin (Pankow)
Tel. 47 75 01 55 *S. 39*

PC Pärchenclub e.V.
Eginhardstr. 5
10318 Berlin (Karlshorst), Tel. 509 00 25
S. 37

Seitensprung
Tel. 0800-100 29 59
S. 40

SexpertIn
E-mail:
merath@berlin.snafu.de
S. 41

Triebwerk
Körnerstr. 23
12157 Berlin (Steglitz)
Tel. 79 70 53 68 *S. 38*

Zwielicht
Goethestr. 59
10625 Berlin (Charlottenburg), Tel. 313 28 31
S. 37
und
Zietenstr. 7-9
10783 Berlin (Schöneberg), Tel. 261 44 81
S. 37
und
Gneisenaustr. 10
10961 Berlin (Kreuzberg), Tel. 692 99 00
tägl. rund um die Uhr
S. 37

EROTISCHE DIENSTE

AJO - Deutschland
Ueckermünderstr. 15
10439 Berlin
(Prenzlauer Berg)
Tel. 44 65 16 51 *S. 47*

Cyrano
E-mail:
hilfe@love-letter.de,
www.love-letter.de
S. 48

Romeo Cleaners
Tel./Fax: 335 78 46
S. 47

Sugar House
Kamminer Str. 33
10589 Berlin (Charlottenburg), Tel. 344 14 45
Mo–Fr 14–18,
Sa 9–13 Uhr *S. 49*

Superstar-Management
Revaler Str. 10
10245 Berlin
(Friedrichshain)
Tel. 29 00 76 76 *S. 48*

DAS EROTISCHE OUTFIT

Biank Rodalquilar – Birotic
Schlüterstr. 54
10629 Berlin
(Charlottenburg)
Tel. 88 55 19 03
Fax: 88 55 19 03
www.biank.de *S. 61*

Black Style
Seelower Str. 5
10439 Berlin
(Prenzlauer Berg)
Tel. 44 68 85 95
Fax: 44 68 85 94
www.blackstyle.de *S. 53*

Casanova Dessous
Prenzlauer Allee 37
10405 Berlin
(Prenzlauer Berg)
Tel./Fax: 442 53 15
S. 60

Corseterie
Uhlandstr. 149
10719 Berlin (Wilmersdorf), Tel. 881 43 30
S. 59

Diva
Knesebeckstr. 38
10719 Berlin
(Wilmersdorf)
Tel. 882 13 53 *S. 57*

Exciting
Gneisenaustr. 8
10961 Berlin (Kreuzberg), Tel. 694 87 72
Mo–Sa 12–24 Uhr
S. 54

fishbelly
Sophienstr. 7, Hackesche Höfe V,
10178 Berlin (Mitte)
Tel. 28 09 85 73 *S. 59*

hautnah
Uhlandstr. 170
10719 Berlin (Wilmersdorf), Tel. 882 34 34
Fax: 883 24 01 *S. 52*

Leathers
Schliemannstr. 38
10437 Berlin
(Prenzlauer Berg)
Tel./Fax: 442 77 86
www.leathers.de
Di–Fr 12–19.30,
Sa 12–16 Uhr *S. 55*

les dessous
Fasanenstr. 42
10719 Berlin (Wilmersdorf), Tel. 883 36 32
S. 58 und
Schlüterstr. 36
10629 Berlin (Charlottenburg), Tel. 881 36 60,
Fax: 881 27 17
E-mail:
info@les-dessous-de,
www.les-dessous-de *S. 58*

Manstore
Uhlandstr. 170-170a
10719 Berlin (Charlottenburg), Tel. 883 63 45
S. 60

Mariette Hendriks
Tel. 0172-386 34 82
S. 55

Michael Lade
Treskowstr. 1
13507 Berlin (Reinickendorf), Tel. 43 40 03 02
S. 62

Nouvelle
Bleibtreustr. 24
10707 Berlin
(Charlottenburg)
Tel. 881 47 37 *S. 58*

Peter Giese
Tel./Fax: 786 91 94
Handy: 0177-786 91 94
S. 63

Schwarze Mode
Grunewaldstraße 91
10823 Berlin (Schöneberg), Tel. 784 59 22
Fax: 78 70 45 33 *S. 51*

XUR by
Michael Schermons
Hornstr. 6
10963 Berlin (Kreuzberg), Tel. 215 90 66,
0171-641 61 07 *S. 56*

ZUBEHÖR FÜR HEISSE NÄCHTE

Condom-Mix
Dunckerstr. 1a
10437 Berlin
(Prenzlauer Berg)
Tel./Fax: 4 42 92 08
S. 65

Good Vibration
Toys/Mister B
Nollendorfstr. 23
10777 Berlin (Schöneberg), Tel. 21 75 28 38
E-mail: goodvibration
@t-online.de
www.goodvibration.de
S. 69

Kadett Hulsmann
Oppelner Str. 9
10997 Berlin, (Kreuzberg), Tel. 61 24 45 57
Fax: 448 06 64
E-mail über „Lusthome“:
info@lusthome.de *S. 68*

„Sexclusivitäten“
Laura Méritt
Fürbringerstr. 2
10961 Berlin
(Kreuzberg),
Tel./Fax: 693 66 66
Termine nach Vereinbarung
offener „Damensalon“:
Fr 12–20 Uhr
E-mail: sexclusivitaeten
@bigfoot.de *S. 66*

SMART-Equipments
PF 76 01 34
10328 Berlin
Tel. 788 58 95
S. 69

Stiftung Warentest
Lützowplatz 11-13
10785 Berlin (Tiergarten), Tel. 26 31-0
Telefonische Auskünfte beim Leserservice:
Tel. 26 31 26 31
Mo–Do 9–16, Fr 9–14 Uhr, telef. Heftbestellung beim Vertrieb
(Heftpreis 6,50 DM):
Tel. 0180-00 24 67
Mo–Fr 8–20, Sa 9–14 Uhr, Schriftliche Bestellung: Stiftung Warentest, Vertrieb
PF 81 06 60
70523 Stuttgart *S. 65*

KÖRPERKULTE

Asa's Henna-Painting
Kopenhagener Str. 4
10437 Berlin
(Prenzlauer Berg)
Tel. 44 05 54 88 *S. 78*

B 52
Bülowstr. 52
10783 Berlin (Schöneberg), Tel. 217 21 38,
Di–Fr 14–20,

Sa 13–17 Uhr,
www.Tattoo-Guide-Europa.de/B52 *S. 75*

Duftfabrik Harry Lehmann
Kantstr. 106
10627 Berlin (Charlottenburg)
Tel./Fax: 3 24 35 32
S. 78

Harp
Potsdamer Str. 93
10785 Berlin (Tiergarten), Tel. 261 19 36
S. 78

Museum für Völkerkunde
Lansstr. 8
14195 Berlin (Zehlendorf), Tel. 830 14 38
Di–Fr 10–18,
Sa u. So 11–18 Uhr
S. 71

Tatau Obscur
Solmsstr. 35
10967 Berlin (Kreuzberg), Tel. 694 42 88
Fax: 693 88 12
Di–Sa 13–19 Uhr
S. 77

Tattoo Connection Berlin
Belziger Str. 53
10823 Berlin (Schöneberg), Tel. 781 66 24
Di–Fr 13–20 Uhr,
Sa nach Vereinbarung
S. 76

HOMO-EROTISCHE HAUPTSTADT

Ackerkeller
Ackerstr. 12,
10115 Berlin (Mitte)
Tel. 486 69 59 *S. 81*

Andreas' Kneipe
Ansbacher Straße 29
10789 Berlin (Schöneberg), Tel. 218 32 57
tägl. 11–4 Uhr *S. 86*

Apollo City Sauna
Kurfürstenstraße 101
10787 Berlin (Schöneberg), Tel. 213 24 24
tägl. 13–7 Uhr,
Mo Partnertag *S. 90*

Begine,
Café und Kulturzentrum für Frauen,
Potsdamer Str. 139
10783 Berlin (Schöneberg), Tel. 215 43 25
Büro: Tel. 215 14 14
Mo–Sa 18–1,
So 16–1 Uhr *S. 80*

Berlin Connection
Café & Bistro
Martin-Luther-Straße 19
10777 Berlin (Schöneberg), Tel. 213 11 16
tägl. 14–2 Uhr *S. 87*
biz-Café
Rhinower Straße 8
10437 Berlin (Prenzlauer Berg), Mo–Do
16–22, Fr–So 18–24 Uhr *S. 87*

Café Anal
Muskauer Str. 15
10997 Berlin (Kreuzberg), Tel. 618 70 64
tägl. ab 18 Uhr, Sa u. So ab 15 Uhr, Mo nur für Frauen *S. 87*

Connection
Welserstraße 24
10777 Berlin (Schöneberg), Tel. 218 14 32
Fr u. Sa ab 22 Uhr
S. 85

Die Busche
Mühlenstraße 11-12
10243 Berlin
(Friedrichshain)
Mi u. So 21.30–5, Fr u. Sa 21.30–6 Uhr *S. 88*

Gate Sauna
Wilhelmstraße 81

Uhr schwul-lesbischer Tanzabend; So ab 19 Uhr schwul-lesbischer Tanzball im „Café Fatal"
S. 86

Tabasco
Fuggerstraße 3
10777 Berlin (Schöneberg)
Tel. 214 21 36
Mo–Do 17–6 Uhr
am Wochende durchgehend geöffnet
S. 85

Tom's Bar
Motzstraße 19
10777 Berlin (Schöneberg), Tel. 213 45 70
tägl. ab 22 Uhr
S. 85

Treibhaus Sauna
Schönhauser Allee 132
10437 Berlin (Prenzlauer Berg),
Tel. 448 45 03
Mo–Do 15–6 Uhr,
Fr 15 bis Mo 6 Uhr
durchgehend geöffnet
S. 90

S/M-CITY

Cassandras Catacombe,
Eichendorffstr. 5
10115 Berlin (Mitte)
Tel. 283 36 66,
0161-130 75 73
Sa ab 21 Uhr *S. 95*

Dominique's Metroon
Blissestr. 60
10713 Berlin (Wilmersdorf)
Tel. 822 67 42
Mo–Fr 10–24,
Sa 13–22, So 15–22 Uhr
S. 100

Ex-Kreuz-Club
Albrechtstr. 24/25
10117 Berlin (Mitte)
Tel. 873 40 97
Sa ab 22 Uhr *S. 98*

KitKat-Club
Glogauer Str. 2
10999 Berlin (Kreuzberg), Tel. 611 38 33
S. 99

SMall Talk
Pestalozzistr. 88
10625 Berlin (Charlottenburg), Tel. 313 51 50
tägl. ab 21 Uhr
S. 97

KÄUFLICHE LIEBE

Bel Ami
Reichssportfeldstr. 14
14055 Berlin (Charlottenburg)
Tel. 304 47 12
tägl. 20.30–7.00 Uhr
S. 109

Bon Bon
Stuttgarter Platz 7
10627 Berlin (Charlottenburg)
21–5 Uhr *S. 108*

CC 96
Lietzenburger Str. 96
10719 Berlin (Charlottenburg)
Tel. 883 26 50 *S. 108*

Club Merkur
Fischerhüttenstr. 126
14163 Berlin (Zehlendorf)
Tel. 801 70 85
tägl. 12–4 Uhr
S. 110

Club Relax
Waitzstr. 17
10629 Berlin (Charlottenburg)
Tel. 323 30 54
Mo–Sa 12–5 Uhr
S. 110

King George
Grunewaldstr. 23
10823 Berlin (Schöneberg), Tel. 24 20 38
tägl. 20 bis 5 Uhr
S. 108

Lady Nina
Niebuhrstr. 76
10629 Berlin (Charlottenburg)
Tel. 883 83 65
tägl. 21 bis 6 Uhr
S. 110

Les Joulies
Escortservice nur für Damen
Tel. 0172/312 39 58
S. 109

Loveboat
Paul-Robeson-Str. 48
10439 Berlin (Prenzlauer Berg) *S. 108*

Paradise Club
Degnerstr. 11
13053 Berlin (Hohenschönhausen) *S. 108*

Scotch Club
Marburger Str. 15
10789 Berlin (Wilmersdorf)
Tel. 2 11 41 52
S. 108

Villa Rudow
Efeuweg 43
12357 Berlin (Rudow)
Mo–Sa 20–5 Uhr
S. 110